TU DOCTOR FINANCIERO

Abriendo Los Ojos A Tus Finanzas Personales

Jimena Monge Urrea y Jorge Monge Purón

CONTENIDO

INTRODUCCIÓN

CAPÍTULO UNO: Historias Entrelazadas

CAPÍTULO DOS: La Realidad De Tus Finanzas

PRIMERA PARTE: EL GASTO

CAPÍTULO TRES: Mejorando Mis Gastos

CAPÍTULO CUATRO: Presupuesto

SEGUNDA PARTE: DEUDAS

CAPÍTULO CINCO: Aprendiendo A Endeudarme

CAPÍTULO SEIS: Deudas Más Comunes

CAPÍTULO SIETE: Cómo Usar Las Deudas

CAPÍTULO OCHO: Algunos Engaños

TERCERA PARTE: AHORRAR E INVERTIR

CAPÍTULO NUEVE: El Hábito Del Ahorro

CAPÍTULO DIEZ: Creando Un Patrimonio

CAPÍTULO ONCE: Cuatro Tipos De Inversiones

CAPÍTULO DOCE: Método Fácil Para Invertir

CUARTA PARTE: PROTEGIENDO EL PATRIMONIO

CAPÍTULO TRECE: Crisis Al Paso Del Tiempo

CAPÍTULO CATORCE: Cuatro Tipos De Seguros

CAPÍTULO QUINCE: Plan Financiero

CONCLUSIONES FINALES

INTRODUCCIÓN

Hoy en día, los gobiernos de los países desarrollados y emergentes están convencidos de que la Educación Financiera es una herramienta fundamental para el progreso de la sociedad y muy en particular para lograr que las clases bajas se conviertan en medias y aquellos que están por debajo de la línea de la pobreza la superen en el mediano plazo.

Para concretar estos propósitos se generan distintas iniciativas, que avanzan poco a poco, pero sin duda serán insuficientes para alcanzar los llamados "objetivos del milenio", para erradicar la pobreza mundial, a menos que sea la sociedad en su conjunto quien se encargue de ello.

Este libro es un pequeño esfuerzo, desde la iniciativa privada, para contribuir a esos proyectos de mayor escala; seguros de que es responsabilidad de toda la sociedad el contribuir directamente en los cambios fundamentales.

El libro forma parte de una estrategia más amplia, que se concreta en la empresa ITS Investing Top Solutions, creada en 2013. En ITS se comercializa el Doctor Financiero, a través de una página web, que contiene herramientas como el Checkup Financiero y la Receta o Plan Financiero; así como distintos simuladores, un Blog y una App para IPhone. En su mayoría, se trata de productos y servicios que se ofrecen de manera gratuita.

El propósito de esta estrategia es colaborar para ir cerrando la brecha que destaca Thomas Piketty, en su libro *"Capital in the Twenty-first Century"*, donde la inequidad entre ricos y pobres se viene ampliando en las últimas décadas. Una de las principales causas es que los más ricos generan dos tipos de Ingreso: por su trabajo y por su patrimonio; mientras que los más pobres sólo cuentan con el ingreso de su trabajo, el cual crece en menor medida cuando no se cuenta con capacidades renovadas.

Es necesario entonces, además de desarrollar capacidades de trabajo más avanzadas, facilitar que las clases medias y bajas desarrollen también capacidades para construir un patrimonio que les "genere un mayor ingreso".

Entre las Capacidades Básicas, que es necesario desarrollar con mayor amplitud en nuestra sociedad, podemos concentrarnos en tres: la Disciplina del Ahorro (en contra-posición a la cultura del endeudamiento para el consumo), la Inversión de Largo Plazo (obteniendo tasas reales que generen ese ingreso patrimonial) y la Cultura de la Protección (donde se enfrentan con inteligencia los riesgos patrimoniales y de generación de ingreso).

Cuando enfrentamos estos retos, parece que elevamos la discusión a un terreno de "élites". Sin embargo, la solución debe plantearse en el nivel más accesible que se pueda, ya que en los temas de dinero existe una predisposición que genera rechazo y evasión, por parte de la gran mayoría de las personas, aunque tengan un buen nivel educativo.

Es por esto que el contenido del libro se concentra en los conceptos y productos básicos, para ofrecer un primer nivel de conocimientos y capacidades. Iniciamos con un par de capítulos introductorios, para luego dividir el contenido en cuatro "Partes": cubriendo los temas de Gasto, Deudas, Ahorro/Inversión y Protección, cerrando con un capítulo sobre el "Plan Financiero" que cada uno debe implementar para acompañar su propio "Plan de Vida".

Desde el primer capítulo hasta el último, contaremos con tres historias ejemplares, que representan a tres arquetipos de nuestra sociedad: desde la madre soltera, de clase popular, hasta la familia acomodada de clase media alta, pasando por la joven profesionista, que enfrenta los primeros retos de su independencia. En cada caso, podremos experimentar cómo nos equivocamos o acertamos al decidir sobre nuestros hábitos de gasto, endeudamiento, ahorro y protección.

En la medida en que estas herramientas permitan a los jóvenes desarrollar capacidades financieras básicas, para construir un "patrimonio productivo", podemos estar seguros de que estaremos avanzando en la reducción del lastre social que representa la inequidad económica.

CAPÍTULO UNO

HISTORIAS ENTRELAZADAS

PRIMERA HISTORIA:

Andrea; las emergencias que nos sorprenden.

Andrea cumplió 40 en febrero. Ya tenían todo listo para celebrarla, cuando su hija comenzó a sufrir un fuerte dolor en su oído. Ese mismo día fueron a la clínica, donde los doctores sólo pudieron bajar un poco el dolor y canalizarla a un hospital mayor, donde le indicaron que sería muy difícil salvarle el oído.

Unos días después, Andrea fue a trabajar, como cocinera, a la casa de la familia Hernández. Ahí le contó a la señora Josefina sobre el problema de su hija, pidiéndole consejo. La señora Hernández le recomendó a un especialista, al que ella misma acudía, ofreciéndole su recomendación, para que le atendiera lo más pronto posible.

Andrea se comunicó de inmediato con el Doctor Díaz, quien revisó a su pequeña, asegurándole que la intervención sí era posible, aunque era muy probable que no se recuperara por completo. Le indicó también a Andrea que le haría un precio especial, por tratarse de una recomendación de doña Josefina.

Un par de meses después, la hija de Andrea fue operada exitosamente, dejando una ligera pérdida de audición, con la expectativa de que el problema no volvería a presentarse. El costo final que enfrentaba Andrea era de $35 mil pesos, entre honorarios, quirófano y extras, todo a "precio especial".

Andrea sólo tenía cinco mil pesos guardados, para imprevistos. Su primera opción era pedirle un préstamo a sus "patronas", donde cocina, pero ella siempre ha pensado que no es una buena idea, ya que el día en que algo falte en una de sus casas, la primera sospechosa será ella, debido a que "necesita tanto".

Hace unos años, Andrea obtuvo una Tarjeta de Crédito, con una línea de $12 mil pesos, que ha usado pocas veces y siempre paga el total. De ahí decide tomar toda la línea de crédito, aunque le cobran una comisión del 2% y una tasa del 60%. Además, ese mismo banco le ha enviado ofertas para tomar un Crédito Personal por $8 mil pesos. Acude al banco y efectivamente, obtiene un préstamo por esa cantidad, a 5 años al 45% de interés anual. Con estos $25 mil pesos, Andrea cubre la mayoría de lo que debe al hospital y al Doctor, pero aún le falta el resto.

Una amiga le recomienda que la tienda grande del barrio puede apoyarla, por lo cual se anima a contratar con ellos un "Préstamo Fácil" por $10 mil pesos, que no entiende muy bien, pero por el cual pagará $2 mil pesos al mes durante un año.

Finalmente, Andrea ha logrado resolver la crisis. Su hija se recupera, aunque su situación financiera está ahora al límite. Sus ingresos mensuales, de $6 mil pesos, ahora se ven disminuidos por tres deudas, que le exigen pagos de $800, $700 y $2 mil pesos, lo cual le deja ahora con menos de la mitad de lo que gastaba antes, para mantenerse con su hija.

Ya con su ingreso de tres salarios mínimos (3 x $2,000 = $6,000), le costaba trabajo salir adelante. Ahora, después de la emergencia que ha resuelto, vivirá con $40 pesos diarios por persona, ¡lo cual está apenas por encima de la línea de la pobreza (dos dólares por día)!

SEGUNDA HISTORIA:

Beatriz; las oportunidades que se nos presentan.

A los 25 años, Beatriz tiene un buen trabajo, en una multinacional, en la cual gana $15 mil pesos mensuales, los cuales "obviamente", dice ella, "no le alcanzan para nada".

Beatriz ha vivido en una familia de Clase media alta y está acostumbrada a un nivel de vida, que incluye automóviles del año, iPhone, Mac y iPad, así como escuelas de primera y antros de jueves a sábado.

Su generación, los *millennials,* viven básicamente las preocupaciones del corto y mediano plazo, se interesan por la comunidad, buscan soluciones light, lo más rápidas posibles y sus metas se concentran en adquirir la tecnología del momento, un coche de moda y un departamento para salir de casa de sus padres. La gran mayoría, "viven al día", convencidos de que ahorrar e invertir no les es posible, ya habrá tiempo cuando tengan un buen salario. Por lo pronto, su prioridad está en iniciar su propio negocio.

Aunque Beatriz ha recibido la mejor educación, ésta no ha incluido el más mínimo concepto en finanzas personales, por lo cual no dedica atención alguna a su gasto, no cuenta con un presupuesto y su ingreso no alcanza a cubrir sus gastos mensuales, por lo cual se ha acostumbrado a usar la tarjeta de crédito que terminan pagando sus padres. Hasta ahora, la "independencia" de Beatriz se encuentra parcialmente subsidiada; por lo cual los conceptos de ahorro, para crear un patrimonio y cubrir su futura jubilación, parecen totalmente ajenos.

Entre tanto, Beatriz no ha tenido que ajustar su nivel de vida a su ingreso de clase media ($15 mil pesos = 8 salarios mínimos). Ella vive con una compañera, en un departamento de la Condesa, pagado por sus respectivas familias, quienes creen firmemente que sólo les están ayudando a dar sus primeros pasos. Es por eso que ellas sólo tienen que pagar los gastos de transporte, comidas y antros, que además en su mayoría van por cuenta de sus parejas y amigos.

Beatriz ya tiene tres años "disfrutando su juventud", cuando recibe la noticia de la muerte de sus padres, en un accidente. Tanto ella como sus hermanos quedan muy sorprendidos cuando el abogado de la familia les indica que la situación económica de su padre no es lo que ellos pensaban y que será necesario rematar sus propiedades, para cubrir las deudas.

Aunque en un país como el nuestro, aún en la clase media alta, el 50% de las familias están endeudadas y menos del 10% cuenta con inversiones suficientes para resolver su futuro, pocos están conscientes de la situación en que vive su propia familia. Parece que en nuestra sociedad, hablar de dinero en casa, no se considera "apropiado".

Sin embargo, ni siquiera un evento así nos permite generar una consciencia financiera suficiente. Para Beatriz, como para la mayoría de nosotros, los siguientes años serán un reto para "que le alcance la quincena", con la pretensión de mantener el nivel de vida al que ha sido acostumbrada.

La vida nos presenta así dos tipos de oportunidades: por un lado, aquellas que alguien nos ofrece, como el alto nivel de vida que tenía Beatriz, al vivir apoyada por sus padres; y por otra parte, la oportunidad que representan las crisis que nos permiten darle un nuevo curso a nuestras vidas. Hasta ahora, Beatriz ha dejado pasar ambas, convencida de que se merece algo, que aún no se ha ganado.

TERCERA HISTORIA:

Don José; cuando el futuro nos alcanza.

José Hernández ha escalado, con mucho éxito, la empinada carrera empresarial. Ingresó como "entrenante" a la fábrica de autopartes, de la que finalmente llegaría a ser Director General. Su sueldo inicial sería equivalente hoy a tres salarios mínimos ($6 mil pesos), concluyendo su carrera con un paquete anual de $3 millones.

Don José, como lo conocen todos en su empresa y su familia, ha planeado trabajar toda su vida, por lo cual nunca ha estado preocupado por los planes de jubilación, ni de él ni de sus empleados. Sin embargo, la semana pasada, en la reunión de Consejo, su Presidente anunció que Don José sería reemplazado el año próximo, al cumplir los 60 años.

Los últimos días, José ha estado revisando su situación patrimonial. Cuenta con dos propiedades, que alcanzan los $20 millones, con una hipoteca donde adeuda $7 millones, por 10 años más. Tiene cuatro automóviles, dos de ellos nuevos. Sus inversiones son de $5 millones y las tarjetas de crédito se pagan cada mes por unos $200 mil pesos. Su Afore vale casi $2 millones y cuenta con un plan de jubilación del IMSS.

José le platica a su esposa la desagradable sorpresa que le han dado y le indica que seguramente tendrán que hacer algunos ajustes, ya que en su retiro tendrán menores ingresos. Doña Josefina recibe la noticia sin entender del todo sus consecuencias, especialmente ahora que se presenta junto con el accidente donde han muerto su hermana y su cuñado. Ella misma ha tenido que intervenir, para encargarse del funeral y atender los pendientes de deudas y gastos que han dejado; incluyendo a su sobrina Beatriz y sus hermanos.

CAPÍTULO DOS

LA REALIDAD DE TUS FINANZAS

La Clase Media, en México, de acuerdo a un estudio que realiza anualmente Credit Suisse, gana en 2015 entre $200 mil y un millón de pesos al año, compuesta por 13 millones de adultos (17% de un total de 75 millones).

En promedio tienen un Patrimonio de un millón de pesos cada uno, siendo que una persona que gana $400 mil pesos al año debe haber acumulado más de $2 millones de pesos, en propiedades y/o inversiones a sus 40 años.

Esta misma persona, de clase media promedio, ganará en sus 40 o 45 años de trabajo más de $16 millones de pesos, pero nunca habrá recibido la más mínima educación para sacarles el mejor provecho.

Recibir esta "mínima" educación financiera, comienza por desarrollar Capacidades Elementales en cuanto a:

- ¿En qué gasto y por qué?

- ¿Cómo resolveré una emergencia?

- ¿Cómo me preparo para el futuro?

- ¿Cuánto debe ahorrar alguien como yo?

- ¿Puedo ganar más en mis inversiones?

- ¿Tengo deudas buenas o malas?

2.1 DIAGNÓSTICO DE MI SALUD FINANCIERA

Comencemos por hacer un sencillo *test* personal. ¿Cómo respondo a las siguientes preguntas? (Para cada una de ellas, incluimos la respuesta de los mexicanos):

1. ¿Cuento con un presupuesto de Gasto, que reviso cada mes? 1 de 10 responde afirmativamente

2. ¿El pago de deudas no supera el 30% de mi ingreso? 3 de 4

3. ¿Ahorro más del 15% para cubrir mi futuro y sueños? 2 de 10

4. ¿Obtengo en mis inversiones tasas de interés superiores a la inflación? Menos de 1 de cada 20

5. ¿Estás consciente que tu Afore (sin aportaciones adicionales) te permitirá jubilarte con el 25% de tu último sueldo en el mejor de los casos? Menos de 1 de cada 20

6. ¿Tengo seguros de Vida y de Casa para proteger mi familia y patrimonio? Menos de 1 de cada 20

7. ¿Tengo un Plan Financiero en marcha? 1 de 20

Si respondiste "Sí" a más de 5 preguntas, puedes considerarte en un buen nivel, de lo contrario tus posibilidades de construir un patrimonio sólido y alcanzar la independencia financiera serán muy reducidas.

En cualquier caso, saber cuál es tu situación es un paso muy importante, ya que estar conscientes de nuestras debilidades es indispensable para "abrir los ojos". Con esta prueba básica más los distintos conceptos y casos, que iremos revisando en los siguientes capítulos, tendrás una idea completa del camino a seguir, para desarrollar tu Salud Financiera, sin necesidad de dominar temas financieros más complejos.

Desarrollar tus "capacidades financieras" tendrá un impacto directo en distintos campos de la vida, por ejemplo:

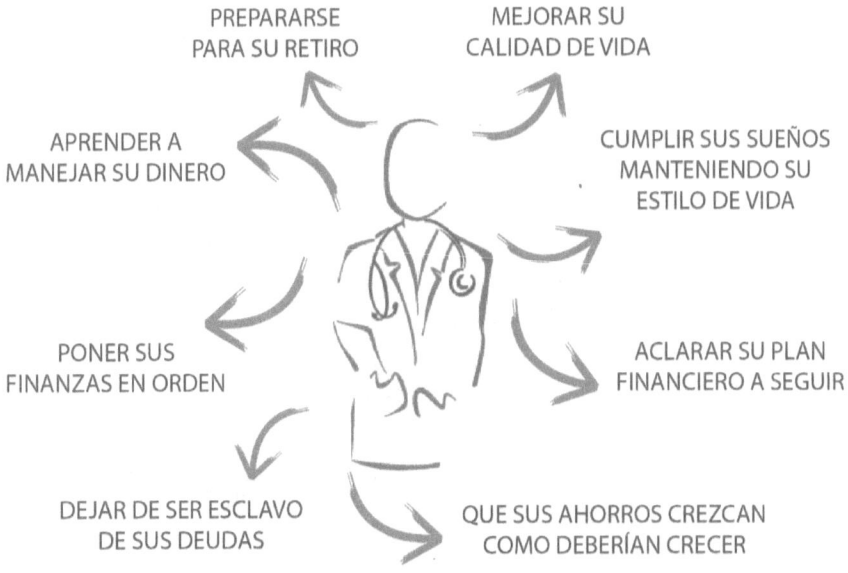

PREPARARSE
PARA SU RETIRO

MEJORAR SU
CALIDAD DE VIDA

APRENDER A
MANEJAR SU DINERO

CUMPLIR SUS SUEÑOS
MANTENIENDO SU
ESTILO DE VIDA

PONER SUS
FINANZAS EN ORDEN

ACLARAR SU PLAN
FINANCIERO A SEGUIR

DEJAR DE SER ESCLAVO
DE SUS DEUDAS

QUE SUS AHORROS CREZCAN
COMO DEBERÍAN CRECER

2.2 PRIMER PASO: DEFINIR QUÉ QUIERO SER

El famoso autor R Kiyosaki, en su libro "Padre Rico, Padre Pobre", presenta una herramienta que nos ayuda a definirnos: es el "Cuadrante del Flujo del Dinero"

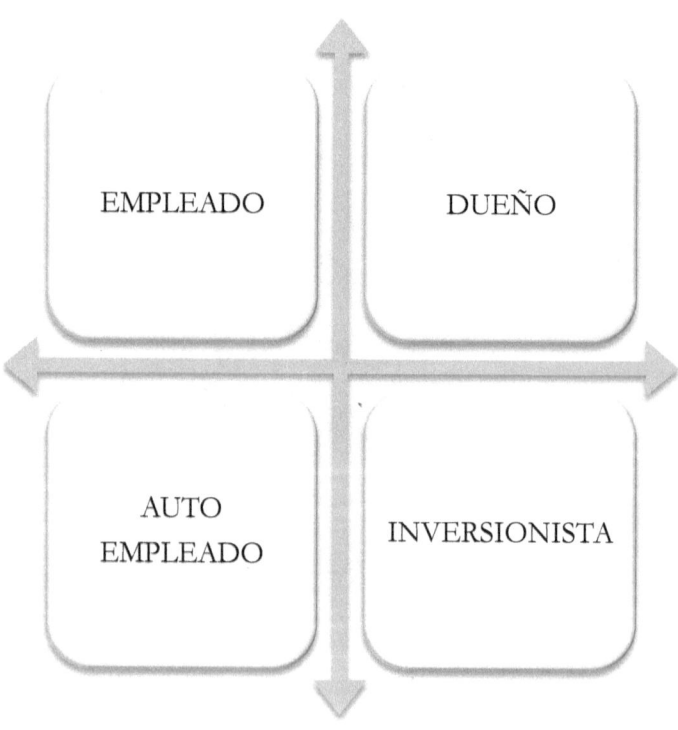

Estos cuatro cuadrantes nos permiten ubicar el papel o rol que tenemos, en términos de nuestro trabajo, así como el que queremos tener. Los cuadrantes superiores nos indican si trabajamos en una empresa como empleados o dueños, mientras que en los inferiores, nos presentan las opciones de trabajar en forma totalmente independiente, ya sea por nuestra cuenta, como lo hace un Doctor en su consulta, o como un inversionista.

Muchas personas se pasan la vida entera trabajando como empleados, pero ilusionando no serlo. Es por eso que proponemos como "primer paso" definir qué rol queremos tener en la vida.

A partir de ahí, debemos definir nuestras Metas más relevantes. Cuándo y cómo casarme, cuántos hijos y cuándo, dónde vivir, qué patrimonio construir, a qué edad jubilarme, etc.

Estas metas van a determinar nuestra calidad de vida, para hoy, para los próximos años y en la vejez. Es por eso que Dave Ramsey, un experto en cómo transformar la vida financiera de las personas, propone que "vivamos como nadie, para luego vivir como nadie". Es decir, que si bajamos hoy nuestro nivel de vida, podremos generar un patrimonio suficiente, para luego vivir como nadie más puede hacerlo.

Las metas pueden ser de largo plazo, pero necesariamente también serán de mediano y corto plazo. Pueden incluir asuntos de gran importancia, como cubrir la educación profesional de los hijos o iniciar el negocio que siempre he soñado; pero también problemas urgentes que debemos enfrentar, como resolver la deuda que nos está asfixiando.

Mientras más retadoras sean las metas, mayor seguridad tendrás de mantenerte en el camino para cumplir con tu Plan Financiero.

Detente aquí y elabora el primer borrador de tus Metas. Escribe de 3 a 5, indicando cuándo te gustaría alcanzarlas y compártelas en pareja o con amigos. A través del libro las irás afinando y conforme pasen los años las irás adaptando a las circunstancias y a tus propios avances.

2.3 LIBERTAD FINANCIERA

Distintos especialistas coinciden en que la "libertad financiera" se alcanza cuando el "Dinero" es quien trabaja para uno. Es decir, cuando se tienen inversiones suficientes que generen el ingreso, para vivir como deseamos.

Para muchas personas, ésta es la verdadera meta financiera a alcanzar y ya profundizaremos, en los capítulos del Ahorro y las Inversiones, en las distintas herramientas y métodos que nos facilitan lograrla.

Por lo pronto, aquí te presentamos una semblanza básica del perfil de quien ha logrado construir un Patrimonio superior al millón de dólares, de acuerdo a las investigaciones de Credit Suisse 2015 y Tomas Stanley, autor del famoso libro *"The Millionaire Next Door"*:

Perfil De Millonarios (en dólares)	
	50'as con 3 hijos
	Casa propia de > 20 años
	Auto usado de > 4 años
	120 mil adultos en México: 0.2%
	16 mills de adultos en EUA: 6%
	Ahorran > 20% de su ingreso
	60% invierte en inversiones (financieras)
	55% invierte en propiedades
	15% tiene deudas
	50% tiene entre $1 y $2 mills

Sin duda, el común denominador que más sorprende, de este grupo de millonarios, es su nivel de Austeridad y es por ello que la siguiente sección estará dedicada a aprender cómo podemos mejorar la forma en que gastamos.

PRIMERA PARTE: EL GASTO

OBJETIVO:

CÓMO MEJORAR MI GASTO
PARA GENERAR UN FLUJO POSITIVO

CAPÍTULO TRES: MEJORANDO MIS GASTOS

CAPÍTULO CUATRO: PRESUPUESTO

MEJORANDO MIS GASTOS

Una vez que tengo claridad en mis Metas Financieras y cuento con el compromiso personal para alcanzarlas, el siguiente paso es Diagnosticar cómo puedo mejorar mis gastos, para generar un flujo de dinero positivo.

3.1 UNA CUESTIÓN DE INTENSIDAD

Para Dave Ramsey, autor del *best seller* *"Total Money Makeover"*, la transformación financiera de cualquier persona es cuestión del nivel de intensidad, con que una persona emprenda el cambio, porque está verdadera y profundamente convencida de que la diferencia, con la gran mayoría que no puede transformarse, está en la intensidad que cada día aplica a su plan de cambio.

Un caso en África, donde el Banco Mundial se encontraba realizando trabajos de inclusión financiera, narra la historia de un hombre, cuyo pequeño hijo enfermó y lo llevó a la clínica del pueblo, donde le indicaron que requería trasladarse a la ciudad más cercana para ser atendido. El viaje y los gastos para la atención sumaban unos $300 dólares y él sólo tenía $50 en la bolsa. Buscó quien le prestara el resto, pero pasó el tiempo sin conseguirlos y su hijo se agravó y murió sin haber sido atendido de una enfermedad relativamente fácil de curar. Durante los siguientes días, para cubrir los gastos del funeral, este hombre recibió donaciones de sus vecinos y familiares ¡por poco más de los $250 dólares que necesitaba!

¿Por qué ocurre una fatalidad así? ¿Con qué intensidad habría actuado él si hubiera sabido que su hijo moriría? ¿Podría haberse hecho algo por anticipado, para prevenirlo? No parece difícil pensar en opciones como establecer un pequeño ahorro para emergencias, ya sea personal, entre familiares o de la comunidad.

La causa de esta crisis la podemos encontrar quizás en la actitud contraria de la "intensidad": la podemos calificar como desidia o hasta simple ignorancia. La cuestión es que una gran mayoría de la población mundial sufre crisis que pueden ser evitadas con el desarrollo de una "capacidad" básica: el compromiso personal para ejecutar su Plan de cambio.

Cuando pensamos en las clases más pobres, una crisis así nos parece entendible, aunque no tolerable. Sin embargo lo sorprendente es que la debilidad de la "indolencia" o indiferencia financiera existe en todas las clases sociales, como lo iremos constatando en los diferentes casos de este libro.

3.2 EL CICLO DEL EMPOBRECIMIENTO

Como seguramente ya imaginaron, el problema del padre africano no comenzó el día en que su hijo enfermó. Comenzó cuando su ingreso no alcanzó para cubrir más allá del día a día. Como en su caso, la gran mayoría de la sociedad "vive al día", sin importar si su sueldo es el salario mínimo de $70 pesos diarios, para México en 2015, o si recibe $50 mil dólares anuales, promedio de la clase media americana.

Así se inicia el que llamaremos "ciclo del empobrecimiento", donde la primera pregunta es ¿a dónde se va mi sueldo?

¿Qué comportamientos tengo que, aún antes de recibir mi ingreso, la mayoría está comprometido por consumos pasados? Para hacer un breve diagnóstico de lo que ocurre con mi ingreso, respondamos unas cuantas preguntas:

- ¿Cuántas Tarjetas de Crédito tengo?

- ¿Cuento con un ahorro de más de un año de sueldo?

- ¿Reviso mis gastos mensualmente por categoría?

- ¿Tengo varias fuentes de ingreso?

- ¿Sigo un presupuesto de gastos?

Se trata de "Hábitos" positivos o negativos, que se van enraizando en nosotros y determinan nuestro comportamiento. En este caso, hablamos de un ciclo negativo, el "Ciclo del Empobrecimiento", cuando al Recibir el ingreso los gastos son mayores:

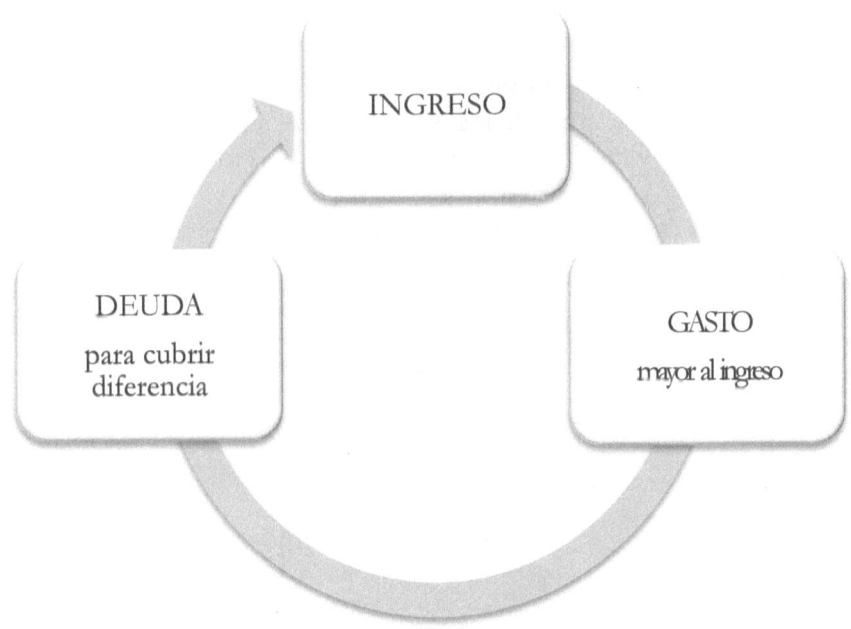

Y nos acostumbramos a cubrir la diferencia, utilizando las tarjetas de crédito, que ahora todos tenemos al alcance. Nada más fácil, que aprovechar esta herramienta, que nos permite auto engañarnos, con la promesa de que ya tendremos luego para liquidarla completamente.

Este ciclo negativo, causado por consumir antes de tener, conlleva la grave consecuencia de que nos impide "generar nuestro Patrimonio".

Para muchas personas, sobretodo las más jóvenes, el crear un patrimonio parece un tema muy lejano, propio de gente mayor y que no tiene que "vivir al día". Sin embargo, como iremos demostrando a través de este libro, todos debemos ir construyéndolo, comenzando desde los primeros años de vida laboral.

Un cálculo rápido del patrimonio o riqueza que uno debe tener, es multiplicar el ingreso anual bruto por tu edad y dividir entre 10. Por ejemplo, si tienes 40 años y tu ingreso es de $50 mil mensuales, el cálculo sería $600 x 40 / 10. Es decir, $2.4 millones en propiedades, más inversiones, menos deudas. A este resultado Jason Zweig lo denomina "Patrimonio Esperado".

Para valorar si eres un Buen Acumulador o generador de patrimonio considera que, después de los 40 años, debemos utilizar el parámetro de dos veces el Patrimonio Esperado.

En el otro extremo, aquellos que no alcanzan el 50% del patrimonio Esperado son considerados Malos Acumuladores.

En sus investigaciones, Zweig identifica algunas de las características de estos acumuladores en la siguiente tabla:

BUEN ACUMULADOR	MAL ACUMULADOR
☐ No gasta más de $6 mil en un traje o vestido	☐ Vive al más alto nivel
☐ No gasta en un par de zapatos más de $2 mil	☐ Demuestra su éxito
☐ 55% presupuesta	☐ Trajes y vestidos caros
☐ El resto "se paga primero" el 15%	☐ Autos de lujo del año
☐ Tiene metas	☐ El mejor club y vacaciones
☐ Sabe en qué gasta	☐ Muchas tarjetas
☐ Su pareja es más austera	☐ Pareja que gasta independiente

La característica que distingue principalmente a estos dos grupos es una: La Austeridad. La fórmula para construir riqueza es muy sencilla y así lo demuestra la gran mayoría de quienes han creado un patrimonio de más de un millón de dólares: el secreto es vivir por debajo del nivel de vida que podrían tener.

Un caso extremo, pero muy revelador, lo publicó la revista Forbes en 2015. Se trata de una pareja que vive en Cambridge, en Boston, y ya tienen un plan de jubilación ¡para cuando cumplan 33 años! Ellos dicen, si para jubilarse a los 65 años tenemos que ahorrar 15% del ingreso, ¿qué pasa si ahorramos el 60%? Su estrategia es muy sencilla, como gastaban el 80% del ingreso, se propusieron gastar la mitad en cada categoría. Por ejemplo, para el Transporte dedicaban el 5%, decidieron vender su auto y comprar una bicicleta, con lo cual ahora dedican menos del 1%. Tienen una meta muy clara, a los 33 años se mudarán a Vermont y vivirán de sus ahorros, dedicados a disfrutar de la naturaleza, en el lugar de sus sueños. Se imaginan, retirados no a los 65, sino a la edad en que la mayoría apenas estamos decidiendo si es momento de empezar a ahorrar o nos esperamos un poco más.

En conclusión, tengo la opción de continuar en el "ciclo del empobrecimiento" y seguir gastando sin disciplina o puedo decidirme a sustituir mis malos hábitos, para comenzar a construir un patrimonio, donde el dinero y la riqueza que he logrado acumular trabajen para mi.

No importa el nivel socio económico del que se trate; cada uno, como la pareja de Boston, puede decidir cuándo y cómo quiere alcanzar sus metas. La Fórmula es muy sencilla, lo único que se requiere es "Ser Austero".

3.3 CASOS CONSTRUYENDO PATRIMONIO

Para clarificar el impacto que tienen los hábitos del gasto y el ahorro, en la construcción de patrimonio, revisaremos distintos casos, comenzando con dos personas que ya vivieron los mejores años de su vida laboral: Antonio y Juan tienen familias similares, pero la construcción de patrimonio ha sido muy diferente. ¿Cuáles han sido las causas?

	ANTONIO	JUAN
Ocupación	Distribuidor	Doctor
Ingreso anual	$1 millón	$1 millón
Edad	50	51
Pat esperado	$5 millones	$5.1 millones
Pat real	$11 millones	$2.5 millones

Antonio ejemplifica el caso del "Buen Acumulador", mientras que Juan no ha logrado constituir un patrimonio, a pesar de que su ingreso y su edad sí se lo permiten.

La primera diferencia entre ambos son sus hábitos de Gasto; mientras Antonio vive en una colonia de clase media y vigila el gasto familiar con cierta frecuencia, el Dr Juan cambia sus autos cada año y vive al máximo nivel de vida que le permite su sueldo. Para él, mantener un ritmo equivalente al de su "clientela", parece ser indispensable para su éxito profesional y social.

La segunda diferencia, que ha generado una brecha tan importante entre los patrimonios que han logrado construir Juan y Antonio, es que éste último comenzó a ahorrar e invertir en Fondos y propiedades desde los 25 años, mientras que Juan empezó a hacerlo a los 35, ya que consideraba que su ingreso, de aquel tiempo, no se lo permitía.

El resultado final, por haber iniciado a temprana edad y vivir con mayor austeridad, es sorprendente: más de cuatro veces, lo cual hace una gran diferencia, ya que Antonio sí podrá tener un cómodo retiro, mientras Juan tendrá que seguir dependiendo de su trabajo.

Esta es la diferencia básica que destaca Thomas Piketty y que ya comentamos en la Introducción de este libro, Antonio y Juan tienen el mismo ingreso por su trabajo, pero el patrimonio que ha construido Antonio se ha convertido en una segunda fuente de ingreso, que acelera la construcción de esa Riqueza o Capital que ahora trabaja para él y su familia. En la medida en que más personas estén conscientes de esta situación se irá cerrando la brecha de la inequidad económica, independientemente de su nivel social.

3.4 NIVEL DE VIDA

En el caso de Juan y Antonio, veíamos que uno de los dos elementos clave ha sido el nivel de austeridad, con el cual vive la familia de Antonio. ¿Por qué no es éste el caso de la mayoría? ¿Por qué nos enredamos en un nivel de vida que no nos corresponde?

Veamos como gasta la familia de Juan, que cuenta con un ingreso anual neto de un millón de pesos y vive un Nivel de Vida de Clase Media Alta (NSE = B):

NIVEL DE VIDA CLASE MEDIA ALTA: EL CASO DE JUAN

Fuente: Encuesta Nacional de Ingreso y Gasto 2014 Décimo decil: porcentajes por categoría

GASTO ANUAL	JUAN
Autos: neto compra-venta y gasto	$200 mil
Alimentación	$230 mil
Vestido	$50 mil
Salud, cuidado personal, servicios y limpieza	$170 mil
Casa: hipoteca, predial y mantenimiento	$80 mil
Educación, vacaciones, diversión y club	$210 mil
Ahorro	$60 mil

¿Cómo llegamos a acostumbrarnos a un nivel de vida que no corresponde a nuestro ingreso? Las razones pueden ser variadas; comenzando por nuestras familias de origen, por el medio ambiente en el que trabajas o el lugar donde vives.

Consideremos un solo renglón de gasto: los Cigarros. La familia de Juan consume dos cajetillas de cigarros al día y naturalmente son de los más caros. Si cada año gastan $35 mil pesos en esta categoría, después de 30 años habrán dedicado un millón de pesos (de hoy), los cuales podrían haber invertido en Bolsa, para generar $3.5 millones o 1.5 veces el patrimonio que han logrado crear a la fecha.

¿Pueden Juan y su esposa cambiar de marca o reducir su consumo? ¿Pueden hacer el compromiso de vivir en el Nivel de Vida que les corresponde, para garantizar el futuro que definitivamente no podrán tener si mantienen el actual? Piénsenlo bien, ¡se trata sólo de cigarros! No se requiere de mucha "intensidad" para cambiar algo tan sencillo, ¿no lo creen?.

3.5 UN CASO DE MILLONARIOS

Muchos piensan que las cosas se resolverán cuando su ingreso sea "suficiente". Sin embargo, la realidad nos demuestra que no es así. Este es el caso de dos Doctores, que a los 50 años tienen un ingreso mensual muy alto: $500 mil pesos y gastan de forma muy diferente:

GASTO X MES	DR A	DR B
Hipoteca	$20 mil	$110 mil
Autos	$12 mil	$70 mil
Clubs y vacaciones	$8 mil	$48 mil
Ropa	$9 mil	$30 mil
Plan Fin (Horas x mes)	10	3
Patrimonio real	$75' mills	$4' mills

El Doctor A cumple exactamente con la definición de un "Buen Acumulador" y lo logra a través de dos estrategias: en primer lugar vive austeramente, no cambia de autos cada año, ni se endeuda al límite para vivir en la casa de sus sueños. En segundo lugar, tiene una excelente disciplina de ahorro e inversión. Entre ambas estrategias ha generado un patrimonio de $75 millones, incluidas dos propiedades (las casas de sus sueños), que están prácticamente libres de deudas.

No es el caso del Doctor B, cuya familia vive "al límite", consumiendo todo el ingreso que recibe y "aprovechando" al máximo su capacidad de crédito, para adquirir lo último en moda, tecnología y diversiones. Este nivel de "derroche" les impide generar un patrimonio, por lo que, en el momento en que la fuente de ingreso se detenga, de inmediato entrarán en una crisis "sorpresiva".

3.6 CÓMO ES LA CLASE MEDIA

Hemos revisado los casos de la parte alta y de la baja de la clase Media, pero ¿cuál es el Perfil de la Clase Media promedio, en México y Estados Unidos?

Anualmente, Credit Suisse elabora un estudio respecto a la riqueza en el mundo, del cual obtenemos los siguientes datos en dólares:

CLASE MEDIA (CREDIT SUISSE 2015)

$ EN DÓLARES	MÉXICO	EUA
Patrimonio desde	$28 mil dls	$50 mil dls
hasta	$280 mil dls	$500 mil dls
Adultos	13 millones	92 millones
% del total adultos	17%	39%
Patrimonio	$0.8 Trill dls	$16.8 Trill dls

Para el caso de México, sobre un total de 76 millones de adultos, Credit Suisse estima que existen 13 millones con un patrimonio, en propiedades y/o inversiones, entre $28 mil y $280 mil dólares (equivalentes en 2015 a $450 mil y $4.5 millones de pesos). Esta es la clase Media que impulsa el consumo interno y que cuenta con una educación superior, pero que en términos financieros aprovecha muy limitadamente sus posibilidades.

Para contar con una imagen más completa de este segmento, en 1996 Tom Stanley realizó en Estados Unidos un estudio a profundidad, que nos permite contar con un interesante "perfil", donde separa a los buenos de los malos "acumuladores de riqueza":

CLASE MEDIA EN USA 1996 ENCUESTA STANLEY

$ EN DÓLARES	BUEN ACUM.	MAL ACUM.
Edad	55	55
Ingreso	$50 mil	$50 mil
Patrimonio real	$629 mil	$106 mil
Millonarios	60%	0%
Plan Fin (hrs x mes)	10	5
Ejercicio (hrs x mes)	16	16

Sin duda es sorprendente observar a dos grupos similares en edad e ingreso, pero que construyen patrimonio o riqueza en forma tan diferente. La causa es la que ya comentamos; sus hábitos de consumo y ahorro, su capacidad para vivir austeramente en base a un presupuesto, al que le dan seguimiento con cierta frecuencia.

CAPÍTULO CUATRO

PRESUPUESTO

4.1 MI PRIMER PRESUPUESTO

Un hábito que tienen en común la mayoría de los que generan un patrimonio millonario, es que cuentan con un Presupuesto y le dedican tiempo, cada mes, a revisar cómo se comportan sus gastos respecto al plan original.

Como destaca el perfil de la clase media, en EUA, una diferencia significativa, entre los buenos acumuladores y los malos, es que los primeros dedican el doble de tiempo a diseñar y ejecutar su plan financiero, si es que tienen uno.

Después de definir mis metas, el primer paso es registrar lo que gasté como familia el mes pasado, usando un formato sencillo, como éste:

	GASTO	% VS INGRESO	ME PROPONGO:
Ahorros			
Deudas/Casa			
Alimentos			
Hijos: educación…			
Luz, gas, tel…			
Entretenimiento			
Transporte			
Salud, compras, seguros, otros			

No tiene que ser perfecto. Las primeras veces puede no incluir gastos eventuales. La idea es identificar lo relevante, para conocer "en qué se va mi ingreso".

Veamos un caso, de la Clase Media C+ en México, con un ingreso de $40 mil pesos mensuales netos (después de ISR):

	GASTO	% VS INGRESO	ME PROPONGO:
Ahorros	$2,000	5%	
Deudas/Casa	$10,000	25%	
Alimentos	$6,000	15%	
Hijos: educación...	$8,000	20%	
Luz, gas, tel...	$2,000	5%	
Entretenimiento	$4,000	10%	
Transporte	$4,000	10%	
Salud, compras, seguros, otros	$4,000	10%	

El propósito de este caso no es otro que ejemplificar el proceso a seguir, para gestionar un presupuesto, por lo que no importa si algunas categorías nos puedan parecer o no razonables. Los datos no reflejan más que un caso y no una encuesta del segmento.

El proceso consiste, en primer lugar, en registrar todos los gastos del mes, en su categoría, obteniendo el porcentaje respecto al ingreso (en este caso $40 mil).

El segundo paso consiste en identificar las categorías más relevantes: en este caso el Pago de Deudas/Casa, aunque no supera el límite del 30% que las instituciones financieras consideran "sano", es por mucho el principal gasto. Por otra parte, el gasto en Entretenimiento, representando el 10%, duplica el nivel recomendado para esta categoría (5%).

Al poner "foco" en estas dos categorías, la idea es concentrar nuestro esfuerzo para obtener un resultado de mayor impacto. De este modo, al revisar la categoría Deudas es común identificar oportunidades para renegociar sus condiciones. En este ejemplo, consideramos una reducción en el pago de la Hipoteca; la cual es posible lograr negociando una mejora en la tasa de interés, transfiriendo la deuda a otro banco o con el banco original. Podemos así reducir el pago mensual de $10 mil a $8 mil pesos.

Una segunda estrategia, muy común en estos casos, es sacrificarnos temporalmente, sustituyendo los hábitos de entretenimiento por una mayor austeridad. Podemos olvidarnos de los "cafés de experiencia", cambiar el Cine Vip por el normal o simplemente llevar los dulces al cine en lugar de comprarlos ahí. Con ajustes como éstos, la categoría Entretenimiento puede bajar sin problemas de $4 mil a $2 mil pesos.

Un par de categorías ajustadas y nuestro caso cuenta ya con $4 mil pesos disponibles ($2 mil de la deuda y $2 mil de entretenimiento), los cuales podemos destinar para ir "prepagando" las deudas: El pago "mínimo" de la deuda bajó a $8 mil y podemos agregar los $4 mil para dedicar así $12 mil pesos a reducir la hipoteca más rápidamente.

Su nuevo presupuesto se ve así:

	GASTO ANTERIOR	% VS INGRESO	ME PROPONGO:
Ahorros	$2,000	5%	
Deudas/Casa	$10,000	25%	$12,000
Alimentos	$6,000	15%	
Hijos: educación..	$8,000	20%	
Luz, gas, tel...	$2,000	5%	
Entretenimiento	$4,000	10%	$2,000
Transporte	$4,000	10%	
Salud, compras, seguros, otros	$4,000	10%	

De entrada, no parece un enorme sacrificio y sin embargo su impacto será tremendamente importante para garantizar el cumplimiento de metas; que aunque consideramos muy importantes, como los estudios universitarios o de posgrado de nuestros hijos, el retiro y tantos otros, los vamos dejando pasar, hasta que el tiempo nos sorprende sin haber hecho la tarea.

4.2 EL MÉTODO DE LOS SOBRES

El viejo método de los sobres puede ser la herramienta más útil para los que inician el proceso de mejora de una o más categorías de gasto. En nuestro caso, tenemos dos categorías que hemos decidido resolver: las Deudas y el Entretenimiento.

En la primer categoría, las Deudas, el proceso más importante puede ser la renegociación de la tasa de interés de la hipoteca; mientras que en la categoría del Entretenimiento, la fórmula será separar, al llegar el ingreso, la cantidad que estamos presupuestando, para esa quincena o mes: en nuestro ejemplo, los $2 mil pesos.

Tenemos que sacar del cajero automático estos $2 mil pesos para ponerlos en un sobre o apartado especial de nuestra cartera. Idealmente, podemos separar con clips los distintos tipos de entretenimiento; por ejemplo, $250 para cine, $400 para cenas en la taquería favorita, $1,000 para antros y $350 para otros.

Naturalmente, las tarjetas quedan absolutamente prohibidas para pagar ninguno de estos gastos, sin importar los puntos, los meses sin intereses, ni cualquier otra promoción, por atractiva que nos parezca.

Claro que el método del sobre también puede ser utilizado para el resto de las categorías, que no implican un cargo automático. Sin embargo, en un principio, es recomendable concentrar nuestro esfuerzo solamente en la categoría que estamos trabajando.

4.3 SÓLO SE REQUIEREN CUATRO PASOS

1. ANOTA TUS GASTOS: Y sabrás a dónde se va tu dinero.

2. HAZLO CADA DÍA: Máximo cada semana.

3. CONCÉNTRATE: Sólo mejora dos categorías.

4. UTILIZA UN SOBRE: Para la categoría más importante donde puedas gastar en efectivo.

4.4 HERRAMIENTAS

Cada vez existen más herramientas, que nos ayudan a controlar nuestros gastos, tanto en internet como en el celular.

Para administrar y mejorar el gasto, el Doctor Financiero incluye en su página web un "Check-Up Financiero" gratuito:

www.doctorfinanciero.com.mx

Además, el Doctor Financiero cuenta con una herramienta para controlar el gasto y el ahorro cotidiano, en su App para IPhone: "Manejando Mi Dinero"

"Ahora Será Fácil Manejar Tu Dinero."

- Conoce a dónde se te va el dinero.

- Te permitirá hacer un ahorro real, constante…

- Olvídate de pagar intereses extras por atrasarte en tus pagos, sonará tu alarma.

- TIPS financieros.

4.5 CASOS INTEGRALES

PRIMER CASO: Beatriz

Para concretar el aprendizaje sobre "cómo mejorar mis gastos", veamos un par de casos, sobre las historias que presentamos al principio de este libro: el caso de Beatriz y el de su tía Josefina.

Recordemos que Beatriz venía "disfrutando de su juventud", cuando ocurre la muerte de sus padres. Han pasado cinco años y su situación es la siguiente cuando ya tiene 30 años:

	BEATRIZ
Ocupación	Marketing
Ingreso anual	$360 mil pesos
Edad	30
Ahorrado	$200 mil pesos
Meta	Irse a Provincia
Gasta	$8 mil de renta
Alternativas:	???

Cinco años atrás, la vida le dio un vuelco a Beatriz y ha tenido la oportunidad de ordenarla para hacerse cargo de su futuro; sin embargo, como la gran mayoría, ha dejado pasar el tiempo sin decidirse a cambiar de fondo.

Claro que tiene una gran ventaja, los sueños que le venían dando vuelta en la cabeza se pueden convertir en metas concretas. Es momento para comenzar una nueva vida junto a la playa, trabajando en lo que le gusta, el turismo, y tomando las riendas de su vida; en lugar de seguir siendo la niña dependiente, cuando ya se le pasó la edad.

Beatriz comienza a investigar las opciones de los destinos de playa y oportunidades de trabajo. Después de varias semanas tiene un par de alternativas, aunque en ambos casos tendría que reducir su sueldo de $30 a $25 mil, con la ventaja de vivir en un lugar con un costo de vida menor. El mayor problema está en dónde vivir, ya que en la Ciudad de México ha venido compartiendo la renta con su compañera de departamento; por lo cual analiza si le conviene rentar o conseguir una hipoteca, utilizando la venta de su auto de lujo como enganche.

Después de revisar sus gastos, se da cuenta que puede transformar su nivel de vida y comprar un departamento en Puerto Vallarta, por un millón de pesos, pagando $8 mil al mes de hipoteca. Con los $300 mil pesos que le dan por su BMW, paga el enganche y consigue un pequeño Honda del 2012, en muy buenas condiciones, lo cual le ayuda a reducir sus gastos de transporte a menos de la mitad.

Después de una crisis muy importante, la vida de Beatriz se ha transformado completamente, de ser una chica "subsidiada", con un trabajo, según ella "espantoso", e inmersa en un nivel de vida que no correspondía con su ingreso; ahora Beatriz tiene un proyecto propio, con metas concretas y un presupuesto viable.

SEGUNDO CASO: Josefina y su esposo José

Como describimos al inicio, la historia de José y Josefina parece a primera vista un caso resuelto, no obstante la sorpresa de su retiro forzado. Sin embargo, analicemos con más detenimiento el caso, que se resume en el siguiente cuadro:

	JOSEFINA Y JOSÉ
Ocupación	Pronto ex empresario
Ingreso anual	$500 mil (Pensión IMSS)
Edad	55 y 59
Ahorrado	$5 millones en Plazo Fijo $2 millones en Afore $13 millones en propiedades
Meta	Jubilarse manteniendo su nivel de vida
Gasto anual	$2.4 mills
Alternativas	????

Nuestra pareja de Clase Media Alta, parece no haber hecho las cuentas con anticipación, creyendo que el empleo de José existiría siempre y no sería necesario establecer mayores medidas preventivas. Siempre tendrían su ingreso, propiedades y ahorros "suficientes" para seguir viviendo holgadamente. ¡Bueno, eso es lo que ellos pensaban!

Al analizar con detenimiento su situación, podemos ver que la jubilación del IMSS ($500 mil) y su Afore ($2 mill x 5% = $100 mil), apenas lograrán cubrir un 25% del gasto. Será necesario recurrir a las inversiones y vender la casa de campo, para contar con sus

43

rendimientos: $10 millones x 5% = $500 mil. De esta manera, podrán cubrir un gasto anual de $1.1 millones de pesos, lo cual se encuentra muy lejos de las expectativas de Doña Josefina, para mantener su nivel de vida de Clase Media Alta, que eran de $2.4 millones.

Las alternativas inmediatas, que está revisando Don José, no parecen por mucho suficientes. ¿Cómo fue que no pensó que los esquemas de retiro del IMSS y de la Afore se quedarían tan cortos? Más aún, ¿también sus empleados estarían en una situación similar?

No lo podía creer. Con un patrimonio de $20 millones de pesos ¿no podrá jubilarse con más del 45% de su último ingreso? ¿Para qué le han servido tantos expertos en su empresa y en las instituciones financieras, que lo estuvieron "asesorando" durante años y años?

¿Tendrá José que plantearle el problema a su esposa, para aplicar una estrategia de "mejora en el gasto"? ¿Qué acciones se nos ocurren que podrían serles útiles a José y Josefina?

SEGUNDA PARTE: DEUDAS

OBJETIVO:

CAMBIAR DEUDAS MALAS POR BUENAS

CAPÍTULO CINCO: APRENDIENDO A ENDEUDARME

CAPÍTULO SEIS: DEUDAS MÁS COMUNES

CAPÍTULO SIETE: CÓMO USAR LAS DEUDAS

CAPÍTULO OCHO: ALGUNOS ENGAÑOS

CAPÍTULO CINCO

APRENDIENDO A ENDEUDARME

5.1 ¿QUÉ ES SALUD CREDITICIA?

En términos crediticios, contar con una buena Salud Financiera implica:

- Tener suficiente "capacidad de pago" para enfrentar tus deudas

- Contar con un historial limpio en el Buró de Crédito

- Aprovechar cada deuda para su propósito y

- Apalancar tu capacidad para construir patrimonio

Aunque algunos de estos temas nos son desconocidos y pueden parecer complicados, en la medida que los revisemos serán más fáciles de lo que crees.

5.2 EL CASO DE ANDREA

En las "historias" del primer capítulo, narramos el caso de la deuda que Andrea adquirió, para resolver la enfermedad del oído de su hija. Su historia se resume así:

- La hija de Andrea está grave del oído

- Aunque no puede pagarlo acude a un médico caro

- Satura su TDC y obtiene otro crédito de un Banco Tienda

- Andrea dedica el 60% de su sueldo a pagar la deuda a 5 años

- Sus tasas de interés: TDC > 50% y Banco Tienda > 200%

- Paga mensualmente: $3,500 pesos por una deuda de $30 mil

- Antes de un año se retrasa en el pago de su Tarjeta

¿Por qué le ha ocurrido esto a Andrea? Podemos encontrar varias causas, entre las que destaca el que no cuenta con un "ahorro para emergencias" y que la decisión de acudir a un Médico "caro" terminó por complicar las cosas.

Las "ofertas" de crédito se han convertido en la "salida fácil", permitiendo a las instituciones financieras, formales e informales, establecer condiciones que alcanzan niveles sin duda excesivos. Así tenemos Cajas de Ahorro informales que cobran tasas del 10% mensual y Casas de Empeño que, de acuerdo a Profeco, promedian 120% anual.

Cuando vemos estos niveles, las tasas bancarias entre 40% y 80% parecen ubicarse en niveles "aceptables". Sin embargo, el problema que se genera es mayúsculo, ya que la dinámica natural es crear una bola de nieve, donde la persona adquiere una deuda para cubrir otra, sin darse cuenta que los intereses están provocando un déficit en el gasto mensual, que no tiene fin.

En el caso de Andrea, la deuda de $30 mil pesos le exige dedicar el 60% de su ingreso, con pagos por $3,500 pesos mensuales. Cada día le alcanza menos para enfrentar los gastos cotidianos con el 40% restante. Ni qué decir de comprar ropa, gastar en entretenimiento, darle mantenimiento a su hogar o resolver otra emergencia de salud.

El problema de liquidez se agrava cuando su "patrona" le demora unos días el sueldo y Andrea paga la tarjeta de crédito con una semana de retraso. Inmediatamente, se registra en el Buró de Crédito el incumplimiento, sin que Andrea caiga en la cuenta de sus consecuencias.

Como veremos más adelante, Andrea tiene dos caminos para resolver su déficit mensual de gasto. La primera opción es recurrir a nuevos préstamos, con tasas cada vez más elevadas; mientras que la segunda será establecer un programa de "eliminación de deudas malas".

Antes de continuar con nuestros casos, revisaremos las distintas deudas que ofrecen las instituciones bancarias.

CAPÍTULO SEIS

DEUDAS MÁS COMUNES

Tarjetas de crédito	Préstamos personales
Créditos de auto	Créditos hipotecarios

6.1 TARJETAS DE CRÉDITO

USO: Las tarjetas de Crédito se usan principalmente como un "medio de pago". Así las utiliza más de la mitad de sus usuarios (56% según datos de Condusef para 2015). Sin embargo, la otra mitad las utiliza para financiar sus compras, lo cual, en opinión de muchos expertos, es una mala idea, ya que el costo es muy alto, respecto al beneficio de anticipar unos cuantos meses el consumo vs ahorrar.

PUNTOS Y PROMOCIONES: Un excelente "motivador" y "diferenciador", entre distintas tarjetas, son los llamados esquemas de recompensa; ya sea en forma de puntos, descuentos, millas e infinidad de otras promociones, como descuentos en restaurantes, que generan preferencias en su uso. Algunas de estas promociones pueden perder valor con el tiempo (por ejemplo, boletos de avión premio que son difíciles de redimir) o ser anuladas si no se redimen a tiempo; es decir, "caducan". Normalmente estas recompensas oscilan entre el 1% y el 15% dependiendo del segmento y la promoción.

TASAS DE INTERÉS: En México (2015), de acuerdo a los datos publicados por Condusef, el nivel de tasas va desde 20% hasta 70%, para la gran mayoría de los casos (aunque existen excepciones en ambos extremos), dependiendo también del "segmento" de cliente. Existe una extensa variedad de niveles de tarjetas: desde las básicas, hasta las Oro, Platino, Black, etc.

ANUALIDADES: De manera similar, la mayoría cobra una anualidad, que varía entre $500 y $5 mil pesos, la cual puede ser reembolsada si se alcanza cierto nivel de facturación, mensual o anual, o si se usan servicios como Banca en Línea vía Web o Celular.

CAT: El "costo anual total" es una medida, que exigen las autoridades a todas las instituciones; la cual incluye todos los costos de un crédito: intereses, comisiones y anualidades, de tal manera que el cliente pueda comparar créditos razonablemente.

DISPOSICIONES DE EFECTIVO: Además de utilizar la tarjeta para consumir bienes y servicios, las tarjetas permiten a sus clientes disponer directamente efectivo, en cajeros automáticos, sucursales y algunos establecimientos comerciales. A diferencia de las compras, una disposición de efectivo conlleva normalmente una comisión (1% a 2%) y carga intereses desde el día de la disposición; es decir que no permite el financiamiento gratuito aún pagando el total antes de la fecha límite. De acuerdo a la Comisión Nacional para la Protección y Defensa de los Usuarios de Servicios Financieros (Condusef), 88% de las operaciones con tarjeta de crédito es para compras y 12% para disposiciones de efectivo.

MESES SIN INTERESES: Es una modalidad muy promovida hoy en día, la cual permite al cliente elegir el diferir el pago de una compra o un grupo de compras, a distintos plazos, normalmente 6, 12 o 24 meses. Los intereses son pagados normalmente por los comercios (como si se tratara de un descuento sobre la compra), aunque a veces los cubren las propias instituciones. Naturalmente, se trata de una ventaja para el cliente; sin embargo, tiene el defecto de que provoca que olvide la deuda que se va acumulando. Es posible que llegue un momento en que tenga problemas para enfrentar el pago mensual, ya sea total o mínimo.

SEGUROS: Otra modalidad, que utilizan las instituciones, para diferenciarse, es incluir una gran variedad de seguros, desde "compras protegidas" y coberturas por robo, hasta seguros de vida, de automóvil en renta, servicios médicos, servicios de viaje, etc. Los cuales enriquecen la oferta del producto, aunque también es cierto que es difícil recordar tal cantidad de opciones.

6.2 PRÉSTAMOS PERSONALES

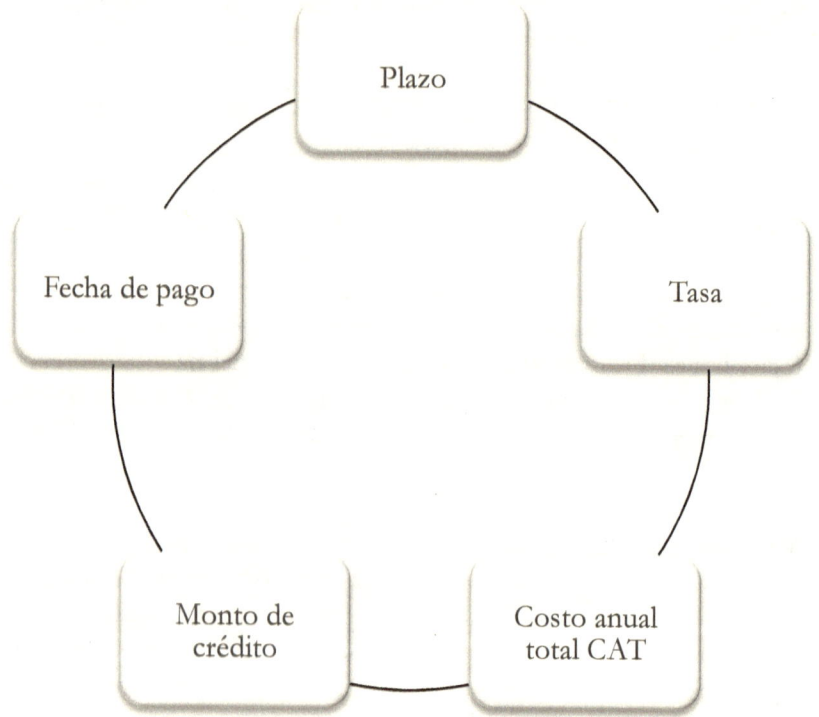

USO: El segundo tipo de crédito, por su frecuencia de uso, son todos aquellos financiamientos que se otorgan a un plazo de 6 a 60 meses, sin involucrar una garantía; es decir, que se basan, igual que las tarjetas, en la capacidad y solvencia de la persona acreditada. El propósito de estos créditos es cubrir una emergencia, adquirir bienes de consumo (muebles y electrodomésticos), viajes, fiestas, remodelaciones y en muchas ocasiones para refinanciar otras deudas.

Los Préstamos Personales también se conocen como créditos al consumo e incluyen los préstamos de nómina. En los últimos 20 años han sido los créditos de mayor crecimiento y en México ya superan en monto a las tarjetas de crédito: a fines de 2015 su saldo fue de $350 mil millones de pesos, frente a $310 mil millones de las tarjetas, con un crecimiento de 16% anual, de acuerdo a cifras reportadas por la CNBV. Durante ese año se otorgaron más de 7 millones de préstamos.

El importante crecimiento que ha tenido este tipo de financiamiento se debe al desarrollo del mercado de Cuentas de Nómina Electrónica, ya que permite a las instituciones financieras reducir el nivel del riesgo de impago, al cargar la mensualidad justo después de que el sueldo del empleado es depositado. De esta manera, los bancos pueden ofrecer tasas de interés menores a las que ofrecerían en una tarjeta de crédito a la misma persona.

TASAS: También dependiendo del segmento y del nivel de riesgo, las tasas varían. En México 2015, entre el 15% y el 50%, para la gran mayoría, con excepciones en ambos extremos. Estas tasas son normalmente fijas y se permite realizar prepagos que disminuyen el plazo, sin aplicar cuotas o comisiones de "castigo". Una diferencia importante en el nivel de tasas, como se comentó antes, la marca si se trata de un crédito nómina o no; por lo que aquellas instituciones que no manejan estos créditos cobran tasas del 60% o superiores.

PLAZO: Desde 6 hasta 60 meses. Pero no es recomendable tomar los mayores plazos, ya que el bien que fue adquirido es posible que haya quedado en desuso y seguiremos pagando intereses altos que se pueden evitar.

CAT: En estos préstamos, normalmente coincide el CAT con la Tasa de interés, ya que no se incluyen cuotas anuales ni otras comisiones.

6.3 CRÉDITOS DE AUTO

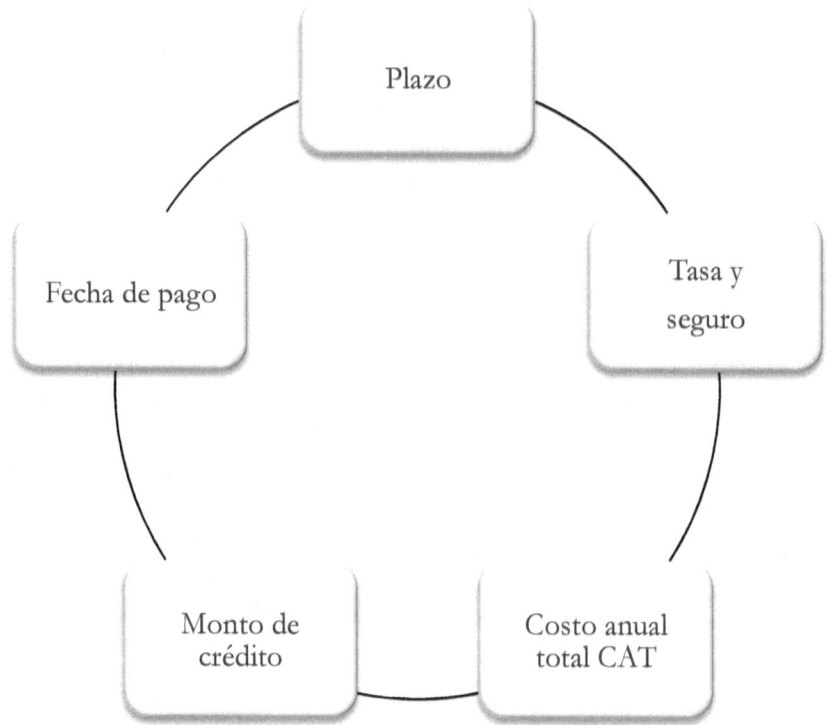

USO: La gran mayoría de las instituciones y de las concesionarias de autos se concentran en modelos nuevos, dejando el financiamiento de autos usados para unos pocos especialistas (normalmente agencias de seminuevos), debido a la dificultad de garantizar la propiedad del vehículo.

PLAZO: 12 a 60 meses

TASAS: Para la mayoría van desde 10% hasta 30% (México 2015). Se ofrecen tasas promocionales del 0%, por parte de las marcas automotrices, que en realidad representan un "descuento" en el precio. Es decir, que se puede obtener un mejor precio al contado y financiar por separado.

SEGUROS: El seguro del auto siempre será exigido por quien financia, pero ya la Ley permite al cliente elegir libremente con quién lo adquiere. Ya trataremos este tipo de seguros más adelante.

CAT: Suele ser superior a la tasa de interés; ya que normalmente estos créditos consideran una comisión por apertura o comisión por administración.

6.4 CRÉDITOS HIPOTECARIOS

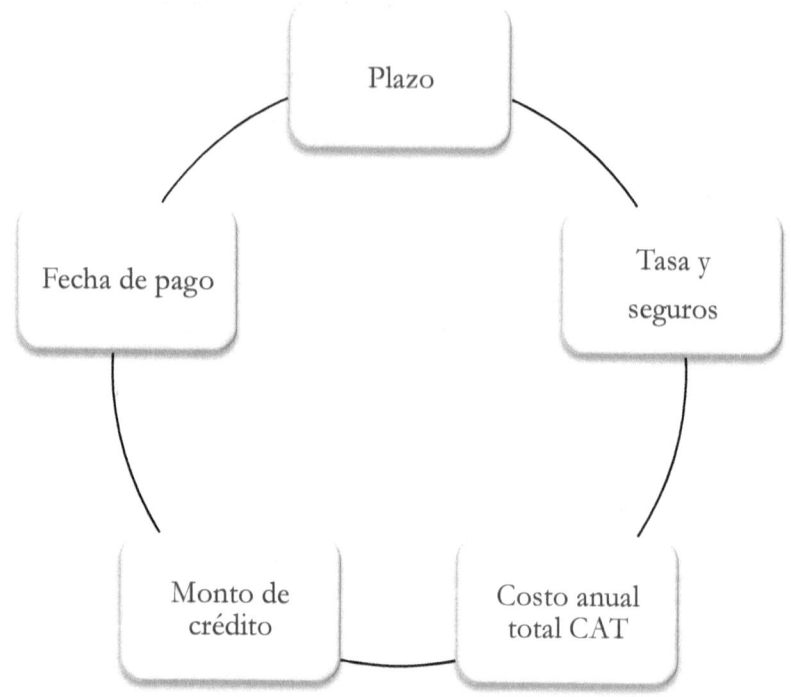

USO: En su mayoría, las hipotecas se utilizan para adquirir casas, nuevas o usadas, pero también es posible utilizarlas para su remodelación y hasta para consolidar deudas; obteniendo una mejora considerable en las tasas de interés.

PLAZOS: Los plazos más utilizados van de los 10 a los 20 años, pero pueden conseguirse de 5 y hasta 30. Mientras más largo es el plazo menor es el pago mensual y mayor es el monto del crédito que se puede obtener; sin embargo, las mejoras en el pago mensual, para plazos superiores a 15 años, parecen ser poco significativas y ciertamente generan pagos acumulados muy superiores.

TASAS: Los intereses varían entre 5% y 15% (México 2015), dependiendo del segmento, pero también de los "apoyos" gubernamentales, tales como Infonavit, Fovisste, Invi, etc. Las tasas más altas corresponden a créditos para consolidar deudas, también denominados "de liquidez".

COMISIONES Y SEGUROS: En estos créditos, son muy relevantes todos los gastos de instrumentación, destacando los gastos notariales y los avalúos, así como los seguros de vida y daños.

Existen otros tipos de créditos, como los de "empeño", los de micro negocios, etc., pero en general se trata de variaciones sobre estos cuatro que hemos revisado.

6.5 ESTADO DE CUENTA

Aunque a veces los estados de cuenta contienen muchos datos que no entendemos, es importante identificar los que son indispensables:

TASA Y CAT (que incluye comisiones)

PAGO PARA NO GENERAR INTERESES

FECHA LIMITE DE PAGO

PAGO MINIMO (en tarjetas)

DETALLE DE TRANSACCIONES (pagos, comisiones, compras)

Obviamente, el Pago a realizar y la Fecha Límite son los más importantes, para evitar meternos en problemas. Cuando se tiene una deuda, es de la mayor importancia no dejar de pagar a tiempo, ya que cualquier retraso será registrado en el buró de crédito y podrá afectar las ofertas que necesitaremos en el futuro.

En cuanto a las Tasas de Interés, la variedad es muy grande dentro del mismo producto. Por lo cual es necesario revisar que hayamos conseguido la mejor alternativa dentro de la institución financiera que hayamos elegido, pero también en la competencia.

Una gran diferencia entre las Tasas de Interés la marca si se trata de una tasa fija o una variable. La tasa fija será conveniente para créditos de mediano y largo plazos, ya que evitará que el pago mensual crezca si las tasas suben. Hoy en día, en México, como en la mayoría de los países desarrollados, los créditos se contratan a tasas fijas, excepto las tarjetas de crédito. En el caso de las hipotecas es muy importante asegurarse que la tasa es fija durante todo el plazo. Tener una tasa fija y que luego las tasas bajen no es un problema, ya que se puede renegociar con la institución financiera o trasladar la deuda a otra, lo cual ya es un derecho que otorga la Ley.

6.6 BURÓ DE CRÉDITO

Cuidar el Buró de Crédito es una obligación que todos tenemos y que nos conviene vigilar, para garantizar que tendremos las mejores ofertas, cuando las requiramos; ya sea para adquirir casa, para un negocio o una emergencia.

Puedes consultar tu Buró en http://www.burodecredito.com.mx de forma gratuita cada 12 meses; el cual contiene los datos de tu historial crediticio. Es decir, cómo has pagado cada una de tus deudas, así como quién lo ha consultado.

Los datos de cada deuda incluyen: Institución, Tipo de Crédito, Línea o Monto, Saldo a la fecha, Historial y Calificación.

CAPÍTULO SIETE

CÓMO USAR LAS DEUDAS

7.1 AHORRAR O ENDEUDARSE

No podemos negar que vivimos, como nunca antes, una sociedad "de consumo". Por todos los medios de comunicación y aún en la propia familia, se nos enseña que tenemos derecho a disfrutar, cuanto antes mejor, de todas las cosas. Para ello contamos con las tarjetas de crédito y los préstamos personales. Así lo anuncian las instituciones financieras:

Caja de Ahorro: "Ya es tiempo, te toca estrenar."

Banco: "La manera más fácil de cumplir tus deseos y alcanzar todas tus metas."

Banco: "Vive experiencias únicas e inesperadas."

Sin embargo, lo cierto es que sí tenemos la alternativa de diferir unos cuantos meses la adquisición de ese "Bien": la televisión plana, los muebles de la casa, el refrigerador, etc. sin vernos obligados a pagar tasas de interés muy elevadas y comprometer nuestro ingreso futuro.

Veamos el siguiente comparativo, que nos destaca las diferencias:

	PRÉSTAMO PARA TV 55"	AHORRANDO
MONTO	$30,000	$30,000
TASA	42%	5%
PAGO x mes	$1,295	$1,295
PLAZO	4 años	22 meses
TOTAL PAGADO	$62 mil	$29 mil

Tasas incluyen IVA

En este cuadro el Cliente, en ambos casos, adquiere una Tele nueva cada cuatro años, ya sea a crédito o ahorrando. En el primer caso, a través de un préstamo, la obtiene de inmediato, mientras que el segundo "esperará" 22 meses para disfrutar de la Tele de moda y ahorrar más del 100% de su valor. Esta espera sólo es una vez en la vida, ya que después, siempre tendrá la Tele de moda, gastando $33 mil pesos menos, cada 4 años (si deciden ambos cambiarla cada 4 años con el mismo comparativo).

Si repetimos este ejercicio con todos los bienes de consumo que obtiene la clase media a crédito, ¡la diferencia es monumental! Todo por "aguantar" los primeros dos años con la tele "vieja". No parece un sacrificio del otro mundo, ¿verdad?

7.2 CONSTRUYENDO PATRIMONIO

Pero no todo crédito es una deuda "mala". Hay créditos que nos ayudan a generar patrimonio. Puede ser un financiamiento para un negocio o para adquirir una casa.

Probablemente, el método más común de generar un patrimonio, en nuestros días, sea comprar o construir la propiedad en la que viviremos. Sin embargo, todavía existe la idea de que es mejor Rentar. Veamos un comparativo entre los dos casos típicos. Por un lado, quien utiliza su capacidad de crédito para comprar muebles, tele, etc., pagando renta para vivir y quien compra a través del ahorro y usa su crédito para adquirir una casa o departamento.

Imaginemos a dos familias que van empezando y cuentan con un ingreso de $22 mil pesos y un ahorro de $134 mil pesos; que la primer pareja destina a realizar un buen viaje y la segunda al enganche de una casa de $750 mil pesos.

Este ingreso les permite endeudarse pagando $6,475 pesos al mes (menos del 30% de su ingreso). Lo que representa, para la primer pareja poder endeudarse por $150 mil pesos para comprar todo lo que han deseado en su nuevo hogar (rentado). Por su parte, la segunda pareja deberá esperar 29 meses para ahorrar los mismos $150 mil pesos para amueblar su hogar, el cual adquirirán con una Hipoteca que les costará los mismos $6,475 pesos que la primera pareja dedicará al préstamo de consumo.

Los $6,475 que pagaban de deuda al mes, la primer pareja los usaba para bienes de consumo, la segunda para hipoteca.

Los $5,180 que la primer pareja pagaba de renta, la segunda los ahorraba para pagar de contado bienes de consumo y terminar con un ahorro adicional.

En el siguiente cuadro podemos observar cómo se ve el comparativo:

	PRÉSTAMOS MÁS RENTA	HIPOTECARIO MÁS AHORRO
VIAJE VS ENGANCHE	$134 mil	$134 mil
MONTO del crédito	$150,000 cada 4 años	$616,000
TASA	42%	11.3%
PAGO al mes	$6,475 (consumo)	$6,475 (hipoteca)
PLAZO	4 años	20 años
RENTA VS HIPOTECA en 20 años	$1.24 mills (80% del pago de hipot: $5,180 x 12 x 20)	$1.68 mills ($6,475 x 12 x 20 + enganche $134,000)
DEUDA VS AHORRO en los 20 años	$1.55 mills (Tele y muebles cuestan $6,475 x 12 x 20)	$5,180 x 12 x 20 = 1.24 mills - $750mil: (Tele y muebles cuestan $150mil x 5) = Ahorrado $493 mil
AL FINAL TENGO	Tele y muebles de moda 29 meses antes y un viaje	Una casa propia y $493 mil ahorrados en el Banco

Tasas incluyen IVA

Naturalmente, la primer diferencia que observamos es la tasa de interés; las diferencias en nuestro país (y en la mayoría) son muy grandes entre los préstamos al consumo y los hipotecarios.

La segunda diferencia es el plazo de la deuda, pero tomemos en cuenta que el comportamiento de quien toma estas deudas es que seguirá haciéndolo (en 4 años que termine de pagar, comprará más cosas a crédito). Es por eso que en el renglón de "deuda vs ahorro" la primera pareja paga 1.55 millones (6,475 x 240 meses) por los créditos que seguirá tomando para mantener su mobiliario y sus gustos de por vida. Los mismos muebles/gustos le costarán a la segunda pareja sólo $750 mil pesos (al pagar de contado siempre) que saldrán de su ahorro.

La otra gran diferencia, entre ambas parejas, estará en la vivienda: unos se dedicarán a rentar, pagando el 80% de lo que la otra pareja paga por su hipoteca: $1.68 mills ($6,475 x 12 más el enganche inicial 20%: $134 mil).

Al final, las dos parejas habrán disfrutado de un nivel de vida casi idéntico (mismo tipo de casa, mismos muebles), con la gran diferencia de que, 20 años después, la segunda pareja tendrá un patrimonio mucho mayor: Una casa y un ahorro adicionales por haber usado su capacidad de crédito para construir su futuro, ¡esperando sólo 29 meses para disfrutar el amueblado de su hogar! La primer pareja decidió rentar y consumir de inmediato, una fórmula que no le permitió crear patrimonio.

De acuerdo a nuestras historias entrelazadas, ¿quién representaría la pareja de la Hipoteca? Han pasado más de tres décadas, pero es cierto, los Hernández crearon así su patrimonio inicial. Una pareja bien educada, con la disciplina para iniciar el proceso correctamente. Ya veremos más tarde, cómo fue que perdieron el camino.

El ejemplo de la primer pareja, podríamos asignarlo a Beatriz, como un posible futuro. A ella le atrae la idea de "disfrutar el presente" y está convencida de que su ingreso "no le alcanza para nada"; lo cual la invita a sacarle provecho a su capacidad de endeudamiento para conseguir todo aquello que se merece y que sus amigos ya están adquiriendo. Crear un Patrimonio, no le suena muy atractivo en este momento; como la mayoría, ella piensa que "ya habrá tiempo para ahorrar, cuando se case y tenga familia".

Construir así un patrimonio sólido para el futuro, exige también no llevar esta estrategia al extremo utilizando el máximo de la capacidad de crédito. Lo recomendable es que una hipoteca no supere el equivalente a dos años de ingreso.

7.3 RESOLVIENDO DEUDAS

Claro que uno no "escarmienta en cabeza ajena" y termina por caer en la tentación de las deudas fáciles. Por lo que, si consideramos que el 30% de los adultos en México están endeudados (encuesta de Inclusión Financiera 2015), el principal interés de muchos de esos 20 millones de adultos estará en resolver la "mala deuda" que hoy tienen.

El primer problema, que tienen estos deudores, es haber contratado una tasa "cara", ya sea porque desconocían que había una mejor opción o simplemente porque las tasas han bajado y no se habían puesto a pensar que tienen ahora la oportunidad de mejorar sus condiciones.

En el siguiente cuadro presentamos casos para préstamos de casa y de consumo, que hoy son comunes en México:

	HIPOTECA VIEJA	CONSUMO
MONTO hoy	$1 millón	$60 mil
TASA	15%	58%
PAGO x mes	$13,168	$4,278
PLAZO	20 años	24 meses

Tasas incluyen IVA

En el caso de la hipoteca, ya sea en la misma institución financiera, donde contratamos el crédito, o en la competencia, hoy tenemos la oportunidad "por Ley" de obtener mejores condiciones. En este caso al reducir la tasa en 4 puntos porcentuales, el pago baja un 22%, con lo que se gana una mayor liquidez que podemos dedicar al ahorro para el retiro, por ejemplo.

	HIPOTECA	CONSUMO
Nueva tasa	11%	35%
Nuevo pago	$10,322	$3,504
Ahorro	$683,040	$18,576

Tasas incluyen IVA

En el segundo caso, la mejora en las condiciones del crédito al consumo, como veíamos en forma similar con nuestra ya conocida Andrea, nos permite reducir el pago o terminar antes. En ambos casos estaremos ganando por los intereses no pagados a la tasa original.

Al elegir disminuir el pago mensual de $4,278 a $3,504 y terminar en los mismos 24 meses estaré más tranquilo y ahorraré $774 pesos cada mes ($18,576 en 24 meses). O puedo elegir seguir pagando los mismos $4,278 cada mes y terminar en 18 meses, ahorrando así $24,540.

7.4 ¿PUEDO QUEDAR LIBRE DE LAS DEUDAS MALAS?

La Estrategia para resolver cualquier deuda, después de renegociar una mejor tasa, inicia con un paso muy sencillo: "Pagar más del mínimo".

Olvidemos las fórmulas mágicas que se ofrecen prometiendo reducciones de deuda o pagos menores. En todos estos casos la oferta comprometerá tu "calificación de crédito" en el buró y/o te exigirán garantías de terceros que pondrás en riesgo. Más adelante trataremos estos "engaños" que, muy frecuentemente, ¡no hacen otra cosa que meternos en problemas mucho más graves!

El gran enemigo a vencer son los intereses que componen la mayor parte de ese "pago mínimo" y no permiten "amortizar" la deuda rápidamente. Recordemos que cualquier pago de una deuda se compone de dos elementos: el interés y la amortización (que es la parte del pago que reduce la deuda). Así, en el primer pago de cualquier deuda encontraremos que los intereses representan casi todo el pago y la amortización es una pequeña parte. Por lo tanto, la solución es muy sencilla: aumentar la amortización. Agregando un 10% o un 20% del pago nos permitirá acelerar la liquidación de la deuda y, naturalmente, pagar menos intereses desde el primer momento.

Veamos en la siguiente tabla cuatro diferentes deudas que pueden anticiparse en su liquidación, incrementando 20%, 50% o 100% su pago mensual. La tabla nos indica en cuántos meses quedarás libre de esa deuda, si incrementas el Pago:

EN CUÁNTOS MESES QUEDO LIBRE DE DEUDA
Incrementando el pago mensual

DEUDA	PAGO AL MES	20% EXTRA	50% EXTRA	100% EXTRA
TARJETA $60 mil a 17 meses al 50% de tasa	$5,000	En 13	En 10	En 7
PERSONAL $100 mil a 36 meses (3 años) al 30% de tasa	$4,245	En 27	En 20	En 14
AUTO $150 mil a 48 meses (4 años) al 15% de tasa	$4,174	En 38	En 29	En 21
HIPOTECA $2 mills a 240 meses (20años) al 10% de tasa	$19,300	En 153	En 103	En 68

Tasas incluyen IVA

Así de sencillo, si al pago de $5 mil pesos de la tarjeta, le agregas mil, para pagar $6 mil, en vez de liquidar la deuda en 17 meses lo harás en 13 meses; y obviamente, al terminar antes, se reduce el pago de intereses, en muchos de los casos sorprendentemente, como observamos en la siguiente tabla:

CUÁNTO AHORRARÉ
Incrementando el pago mensual

DEUDA	TOTAL INICIAL A PAGAR	AHORRO CON 20% EXTRA	AHORRO CON 50% EXTRA	AHORRO CON 100% EXTRA
TARJETA $60 mil en 17 meses 50% de tasa	$ 85,000	$ 7,000	$ 10,000	$ 15,000
PERSONAL $100 mil en 3 años 30% de tasa	$ 152,820	$ 15,282	$ 25,470	$ 33,960
AUTO $150 mil en 4 años 15% de tasa	$ 200,352	$ 10,018	$ 18,783	$ 25,044
HIPOTECA $2 mills en 20 años 10% de tasa	$ 4,632,000	$ 1,158,000	$ 1,621,200	$ 2,007,200

Tasas incluyen IVA

7.5 LA ESTRATEGIA PARA LOGRARLO

Cualquier persona, que tenga algunas o todas las deudas de nuestro ejemplo, dirá que es imposible aumentar todos los Pagos mensuales siquiera un 20% y menos aún el 50%. Esta persona requiere casi $33 mil pesos al mes, para pagar "los mínimos", que muy probablemente representen más del 50% de su Ingreso. Si le pedimos conseguir $10 o $20 mil adicionales, lo considerará imposible.

Por lo tanto, la estrategia iniciará con algo mucho más razonable. Lo primero será conseguir sólo $5mil para duplicar el pago de la tarjeta, que es la deuda con mayor tasa de interés. Para ello, aplicaremos lo aprendido en el capítulo del Gasto y conseguiremos esos $5 mil mensuales, aunque para ello debamos trabajar horas extras, vender algunas pertenencias que no son indispensables o cualquier otra alternativa.

Con esta medida, en sólo 7 meses la tarjeta habrá desaparecido y ahora utilizaremos esos $10 mil pesos para agregarlos a los $4,245 del pago del crédito Personal, el cual liquidaremos en sólo 7 meses. Así, continuaremos en el mes 15, aumentando el pago del Auto y en el mes 21 estaremos completamente "LIBRES DE DEUDAS MALAS".

En la siguiente tabla, se representa la estrategia completa, incluyendo hasta la Hipoteca:

DEUDA	NUEVO PAGO	MES DE INICIO NUEVO PAGO	SALDO DEUDA EN MES INICIO	LIQUIDA EN MES
TARJETA $60 mil En 17 meses Al 50%	$ 10,000	1	$ 60,000	7
PERSONAL $100 mil En 3 años Al 30%	$ 14,245	8	$ 87,400	14
AUTO $150 mil En 4 años Al 15%	$ 18,419	15	$ 112,300	21
HIPOTECA $2 mills En 20 años Al 10%	$ 37,719	22	$ 1,936,700	80

Tasas incluyen IVA

Al llegar al mes 80, libres de toda deuda, contaremos con $37 mil pesos mensuales para Invertir en el Retiro y cualquier otra Meta, como lo veremos en capítulos posteriores, para crear un Patrimonio de ¡casi 4 millones de dólares!

7.6 UN CASO TÍPICO

En nuestro país, como en muchos otros de Latinoamérica y el resto del mundo, es común el caso de aquellas personas que viven sin la certeza de un ingreso seguro y recurren, al pasar los meses sin recibirlo, a la solución "fácil" de endeudarse. Veamos lo que ocurre:

Lupita trabaja para el gobierno pero, como no tiene "plaza", han pasado ya 5 meses sin que le paguen y ha optado por contratar dos tarjetas de crédito, que suman $40,000 con una tasa promedio del 50%.

Su ingreso de $20,000 pesos le alcanza con dificultades para pagar los mínimos de $3,500 al mes y obviamente no le sobra para ahorrar y abrir una Afore para su retiro. El mes pasado, Lupita sacó efectivo de una tarjeta para pagar los mínimos, lo cual ¡es el inicio de una bola de nieve que terminará aplastándola!

¿Qué debe hacer Lupita? En una primera aproximación, debe atender las tres prioridades inmediatas:

1. Disminuir tasa de interés
2. Crear un ahorro para enfrentar ingresos irregulares
3. Generar un ingreso extra (¿temporal?)

El primer paso es obtener un "crédito barato". Al no conseguirlo con un amigo o familiar, su alternativa es acudir a alguna de las nuevas opciones que hay en el mercado como las *peer to peer* (préstamos entre individuos). Sin embargo, la posibilidad se le niega, por no tener planta y trabajar sólo por honorarios.

La segunda opción (en función del costo) es aprovechar las ofertas para traspasar la deuda a otro banco. Nuevamente es rechazada, bajo el argumento (poco comprensible) de "no tener historial con este banco".

La tercera opción es negociar con otro banco; quienes le ofrecen una tarjeta con límite de crédito de $12,000, aunque sólo le pueden traspasar el 80% del límite de crédito. Es decir, sólo $9,000 al 18%.

Para llegar a esta primer "solución", que es todo un triunfo para ella, Lupita ha tenido que dedicar muchas horas a revisar opciones y visitar sucursales, manteniendo una actitud positiva ante las negativas y requisitos que no puede cumplir por su condición. Si se mantiene firme, Lupita habrá logrado reducir la tasa de interés del 50% al 20%, liberando $1,000 pesos mensuales para acelerar la amortización de su deuda y quedar LIBRE de deudas en menos de dos años.

7.7 RESOLVIENDO EL CASO DE ANDREA

Retomando el caso de Andrea, recordemos que tiene un crédito con una Tienda/Banco y dos con su Banco al 60% y al 45%, por lo tanto, el primer paso será reducir las altas tasas de interés que enfrenta.

Andrea recuerda que su banco le ha informado que cuenta con un préstamo pre aprobado por $20 mil pesos, al 45%, pero no había pensado usarlo. Sin embargo, al intentarlo ahora, el banco le indica que "ya no está disponible" debido a que su calificación en el buró se deterioró cuando, hace unos meses, se retrasó unos días en el pago de su tarjeta.

Para fortuna de Andrea, un familiar aceptó prestarle $10 mil pesos al 8% para liquidar el crédito con la Tienda/Banco. Estos $10 mil pesos los logró pagar en menos de 6 meses (ya no en 12), con los mismos $2 mil mensuales. A partir de ahí, Andrea aplicó los $2 mil pesos a su tarjeta, cancelándola en 4 meses; y a partir de esa fecha usó los $3,500 pesos para cubrir el crédito personal de su banco en 2 meses más: Quedando LIBRE de deudas en 12 meses en total.

Ahora Andrea cuenta con $3,500 pesos por mes para mejorar su nivel de vida y crear un ahorro que le permitirá ir cumpliendo sus metas, como veremos más adelante.

Ser testigo del agradecimiento de Andrea, al quedar LIBRE, como diría MasterCard: "no tiene precio".

CAPÍTULO OCHO

ALGUNOS ENGAÑOS

8.1 PRIMER ENGAÑO: NECESITAS ENDEUDARTE TE LO MERECES

Como hemos comentado, el primer y más grande engaño de nuestra sociedad, es el afán por el consumo "inmediato". Los medios de comunicación nos bombardean a placer, indicándonos que "nos lo merecemos" y "contamos con el poder de compra".

Estamos a un solo *click* para obtener ese crédito que nos permitirá anticipar el consumo de lo más deseado. El auto, la ropa y hasta el acceso al antro. Pero no nos quedamos sólo ahí, quienes nos "aconsejan" aseguran que "es necesario" acceder a estas deudas si queremos ir construyendo un buen historial de crédito.

Claro que es importante contar con una buena calificación de crédito en el buró. Ya vimos la oportunidad que perdió Andrea para reducir su tasa de interés; pero endeudarse no es el camino correcto. Hoy en día, las instituciones financieras no sólo califican cómo uno ha pagado sus deudas, sino también cuál es su capacidad para generar ingresos y crear una buena inversión.

Contar con muchas tarjetas de crédito no lo hace a uno más listo, ¡sólo lo hace pagar anualidades innecesarias!

8.2 SEGUNDO ENGAÑO: LA SOLUCIÓN ES NO PAGAR

Cuando alguien se encuentra en problemas para enfrentar sus deudas, es común escuchar quien aconseja simplemente "dejar de pagar", ya que la reacción de las instituciones de crédito será "ofrecerte una quita".

Sin duda es muy probable que esto suceda; claro que ocurrirán dos cosas: Primero, requerirás pagar de inmediato el resto (tu deuda menos la "quita") o tendrás que reestructurar ofreciendo una garantía (que estarás poniendo en gran riesgo); y en segundo lugar, quedarás marcado en el buró durante seis años.

8.3 TERCER ENGAÑO: ES MEJOR RENTAR

Especialmente las parejas jóvenes, eligen la opción de rentar, pensando que su primer hogar será por pocos años y que ya habrá tiempo para invertir en una propiedad de más largo plazo.

Sin embargo, cualquier análisis básico, nos permite reconocer que la Renta implica desperdiciar la oportunidad de iniciar la construcción de nuestro patrimonio. Lo ideal es comenzar con ese primer departamento, que nos permitirá dar el siguiente paso con más facilidad.

Dicho lo anterior, es cierto también que existen sus excepciones. Por ejemplo, es obvio que es mejor rentar cuando estás seguro de que vas a vivir poco tiempo en ese lugar o cuando compartes departamento.

8.4 CUARTO ENGAÑO: LAS DEUDAS TE SACAN DE APUROS

Aunque es totalmente cierto que podemos cubrir cualquier emergencia con la Tarjeta de Crédito o el Préstamo Personal, como veremos más adelante, es mucho más eficiente anticiparnos a las eventualidades de la vida con un Fondo de Emergencias y los Seguros apropiados.

La diferencia en costo, entre estas alternativas, es enorme y sobre todo tendrá consecuencias en el futuro; ya que las emergencias son la causa número uno de las "quiebras personales". Son como una droga (de ahí viene el término "endrogarse"), te alivian en lo inmediato y te generan una adicción casi imposible de detener.

8.5 QUINTO ENGAÑO: LOS PRÉSTAMOS FAMILIARES

La mayoría cree que está haciendo un favor, al prestarle a un familiar; sin embargo, en realidad le hace dos males: Lo hace dependiente y lastima la relación entre ambas partes, ya que nunca volverán a verse como iguales, sin importar si el préstamo es pagado o no con oportunidad.

Si el préstamo es de padres a hijos, el problema estará en que el hijo estará siendo subsidiado y corre el riesgo de no alcanzar su potencial. Por otra parte, al hijo le permitirá vivir en un nivel de vida que no corresponde con su propio ingreso. Cuidar que esto no ocurra no es tarea fácil, especialmente por parte de los hijos, ya que se trata de un autoengaño.

8.6 SEXTO ENGAÑO: SALIDAS FÁCILES

Cuando alguien se encuentra atrapado por una deuda que no alcanza ya a cubrir, aparecen las "salidas fáciles", que no hacen otra cosa que empeorar la situación.

Entre las más comunes, tenemos el carrusel de tarjetas, donde sacamos dinero de una tarjeta, para pagar otra o simplemente usamos una para el gasto de este mes y con esa parte del ingreso pagamos la que está llegando a la fecha límite. Una locura que es más común de lo que imaginamos.

Otra de ellas, la encontramos en esas "ofertas" que llegan en volantes de la calle, asegurándote que pagarás sólo $500 pesos al mes por una deuda de $100 mil. Únicamente te piden un depósito de $10 mil pesos y en dos semanas estará tu crédito aprobado. A las dos semanas, la gran noticia es que sí estás aprobado, con la "condición" de llevarles las escrituras de una casa como garantía. Si no lo haces, perderás tu depósito. Si continuas con el engaño, te darás cuenta de que el pago de $500 pesos es sólo por los primeros meses, pero va creciendo, y cuando ya no puedes enfrentarlo has puesto en sus manos la propiedad de las escrituras, que seguramente vale mucho más que tu deuda.

¿Qué adicción tienes que haber generado para no alcanzar a ver un engaño así?

TERCERA PARTE:
AHORRAR E INVERTIR

OBJETIVO:

AUMENTAR MIS CAPACIDADES DE AHORRO

CAPÍTULO NUEVE: EL HÁBITO DEL AHORRO

CAPÍTULO DIEZ: CREANDO UN PATRIMONIO

CAPÍTULO ONCE: CUATRO TIPOS DE INVERSIONES

CAPÍTULO DOCE: UN MÉTODO FÁCIL PARA INVERTIR

CAPÍTULO NUEVE

EL HÁBITO DEL AHORRO

Si estamos ya Libres de Deudas o tenemos la fortuna de no haberlas tenido, es momento de iniciar el proceso de construir un patrimonio.

Estas son las preguntas que queremos resolver en esta sección:

- ¿Cómo puedo conseguir la disciplina del ahorro?

- ¿Cuánto debo ahorrar para mi futuro?

- ¿Cómo puede crecer una inversión más que la inflación?

- ¿Qué debo hacer para crear un patrimonio?

- ¿Cuáles son los principales riesgos de una inversión?

- ¿Qué tan experto debo ser para invertir?

9.1 RADIOGRAFÍA DEL AHORRO

Una persona tiene una buena salud financiera, en relación al ahorro, si:

- Tiene el hábito de ahorrar.

- Invierte en un lugar seguro y a largo plazo.

- Cuenta con un plan para lograr sus metas.

- Obtiene el mayor rendimiento de acuerdo a su perfil.

Comencemos con la definición de un hábito: se trata de un comportamiento, de acuerdo a Charles Duhigg, que consta de tres etapas que se retroalimentan:

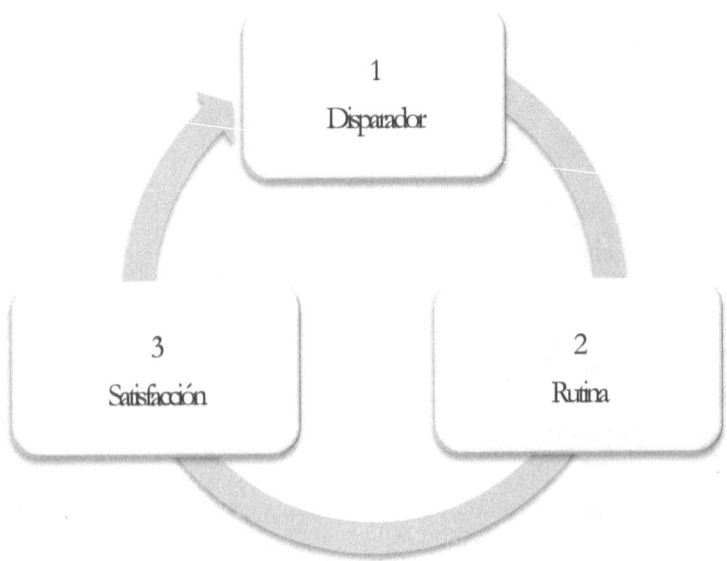

El "disparador" es el evento o circunstancia que desencadena la "rutina" y es ésta la que provoca la tercera etapa: la "satisfacción"; que a su vez reforzará la repetición del comportamiento, cuando el "disparador" vuelva a presentarse.

Esta sencilla secuencia, de retroalimentación, podemos ejemplificarla con uno de los hábitos más comunes en nuestra sociedad, el del fumador:

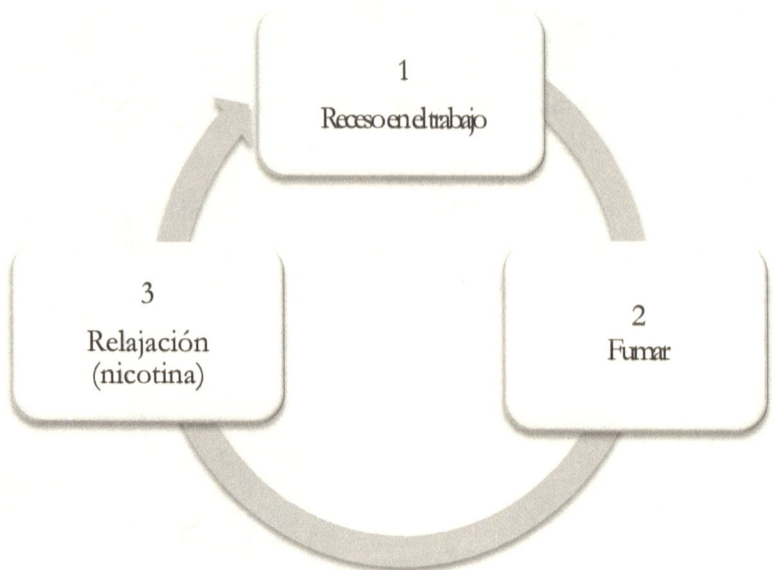

El hábito inicia con un evento disparador: Por ejemplo, el "receso en el trabajo". Este evento nos lleva a ejecutar la rutina de "fumarnos un cigarro" y, como consecuencia de la nicotina, provocarnos "relajación" del estrés cotidiano. La próxima ocasión en que se presente un evento similar al receso, se volverá a disparar el ciclo y el hábito se irá reforzando.

Si aplicamos la misma mecánica al ahorro, podemos crear un hábito muy sencillo. Sólo necesitamos clarificar cada una de las etapas. Para ello comenzamos con el disparador. Lo ideal es referir esta etapa al "día de pago" quincenal.

Antes recibíamos el clásico sobre con efectivo, luego enviaban un cheque y ahora sólo el recibo que llega electrónicamente. De cualquier manera, el evento debe ser reconocido como tal y para eso es importante establecer una acción de contacto con nuestro ingreso.

Por medio de la banca en línea o en el cajero automático, entramos a la cuenta de depósito del ingreso.

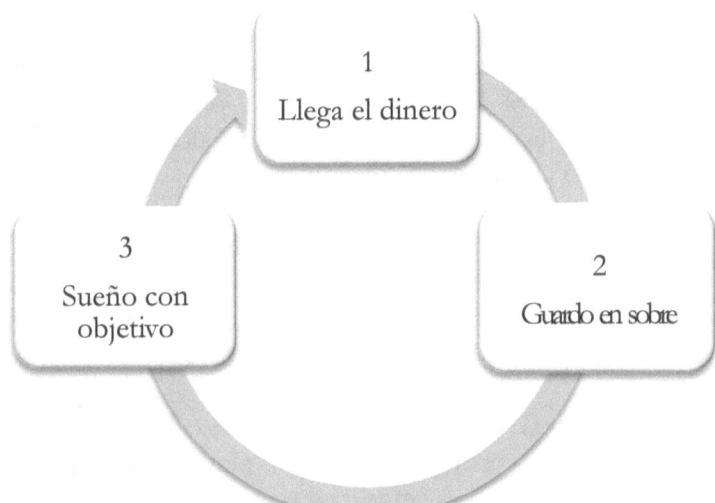

Esta primera acción dispara la segunda, la Rutina, donde transfiero el ahorro a una cuenta separada de ahorro/inversión; o retiro el efectivo del cajero automático, para "guardarlo en un sobre", el cual luego depositaré en la cuenta donde acumulo el ahorro. (Dependiendo si prefieres administrarte en la banca en línea o no.)

Inmediatamente después de que termino con la rutina de depósito que he definido, es indispensable ejecutar la tercera acción: "Soñar con mi objetivo de ahorro", con las metas para las cuales estoy acumulando. Para ello puede servir, por ejemplo, tener una o varias fotos de la casa, del auto o del viaje que me he propuesto como meta. Con sólo volver a imaginarte en cada situación, se habrá cerrado el ciclo y el hábito quedará reforzado.

Otra mecánica, que puede contribuir a la anterior, es establecer un cargo automático, que ya muchas instituciones ofrecen. Un buen ejemplo lo tiene la Casa de Bolsa GBM, con su producto PIGGO, que permite automatizar un ahorro periódico desde cualquier institución. En nuestra página te decimos que más nos gusta de ellos:

doctorfinanciero.com.mx/documentos/piggo.php

9.2 ¿PARA QUÉ AHORRAR?

Si anteriormente revisamos que el hábito del ahorro será más fuerte mientras mayor sea la satisfacción que genera, es obvio que la importancia de las metas que queramos alcanzar determinará la disciplina con la cual ahorraremos.

La meta que deberá estar en primer lugar en nuestra lista de prioridades deberá ser "Crear un Fondo para Emergencias", que impida que podamos caer en deudas; como ya hemos comentado en el caso de Andrea y su hija enferma.

Este fondo deberá cubrir desde un mínimo de 3 meses de gasto, hasta 6 meses, para protegernos de una pérdida de empleo. Se trata de una meta de la mayor importancia y que podrá tomarnos entre uno y dos años alcanzar el mínimo. Naturalmente, este fondo deberá estar invertido sólo en instrumentos de deuda (no en acciones) y con acceso inmediato (no invertido a plazo).

El siguiente orden de prioridades debe estar definido por aquello que más nos importa en la vida. Aquí es donde cada uno define su propósito como persona y como familia, estableciendo sus metas más relevantes: el hogar familiar, el negocio a emprender, sus estudios o los de sus hijos, su plan de retiro, una boda, el viaje de sus sueños, etc.

Para tener un Plan Financiero, antes tenemos que tener definidas las metas de nuestro Plan de Vida.

En este Plan de Vida, uno de los capítulos más importantes es el Retiro. Para diseñar la estrategia correcta, debemos iniciar con un Diagnóstico preciso de dónde nos encontramos. Para ello, requerimos conocer cuánto hemos ahorrado hasta ahora y cuánto obtendremos a la fecha en que deseamos jubilarnos. Un par de herramientas que nos facilitan esta labor se encuentran en el sitio del Doctor Financiero, en:

doctorfinanciero.com.mx/simulador/deberia-tener-para-retiro.php

doctorfinanciero.com.mx/simulador/retiro.php

Desafortunadamente, no sólo en nuestro país sino en la gran mayoría, sólo unos cuantos están conscientes de que los nuevos esquemas de Ahorro para el Retiro les generarán un ingreso mensual equivalente al 30% o menos de lo que hoy reciben; a menos que estén dispuestos a realizar "aportaciones voluntarias" adicionales o crear sus propios portafolios de inversión de largo plazo.

Naturalmente, de poco sirve crear un Plan como éste cuando se acerca la jubilación. Es indispensable hacerlo desde que se reciben los primeros ingresos, como quedará claro más adelante en el capítulo doce.

Por lo pronto, en países con elevados niveles de pobreza y una escasa educación financiera, el desarrollo de la capacidad de ahorro sigue siendo un enorme reto, ya que sólo el 44% de los adultos cuenta con una cuenta de ahorro (Encuesta de inclusión financiera 2015).

9.3 ¿DÓNDE?

No sorprenderá a nadie que la mayoría de nuestra sociedad guarda su dinero, parcial y hasta totalmente, en su casa. Por desafortunado que parezca, así es, ya sea por desconfianza en las instituciones financieras o por evadir al fisco. Algunas personas lo hacen con sus padres, para evitar que sus parejas o ellos mismos hagan uso impulsivo de esos ahorros, que tanto cuesta ir construyendo. Otras prácticas comunes incluyen ahorrar a través de tandas y hasta adquiriendo materiales, como varilla y cemento, para la futura casa o ampliación.

Entre las clases populares, también es común ahorrar en la caja de ahorro de la comunidad o en la empresa financiera de un familiar, pensando en que "son de confianza". Sin embargo, la historia nos prueba una y otra vez que se trata de una de las peores ideas, más aún que "guardarlo en el colchón". Con mucha frecuencia, estas organizaciones entran en un mal ciclo y no cuentan con el respaldo suficiente; además de la infinidad de malos manejos y fraudes que se propician por la avaricia de tan sólo unos cuantos.

Tres criterios son suficientes para elegir "dónde ahorrar":

Seguridad: Es el principal criterio y tiene que ver con el historial de comportamiento de una institución, normalmente calificado por distintas Agencias y particularmente en México por la CNBV (Comisión Nacional Bancaria y de Valores), que es muy fácil de consultar en su página de internet.

Conveniencia: Entre las distintas instituciones con calificaciones similares, la elección se basa en la cercanía y el tipo de servicio ofrecido; ya que los productos, tasas y rendimientos son muy parecidos. (Que haya una sucursal cerca de donde vives o trabajas, que tenga un buen servicio de banca en línea, etc.)

Extras: El último diferenciador, será alguna promoción o característica que se adapte mejor a tus necesidades.

9.4 CUIDADO CON LAS GRANDES OFERTAS: CASO PONZI

En 1920 Charles Ponzi desarrolló un esquema de inversión, que se haría famoso y ahora es conocido como la Estafa Ponzi. La oferta inicial se presenta muy tentadora. Por ejemplo, hoy en día prometería un rendimiento fijo anual del 10% en dólares. Naturalmente, los primeros inversionistas pusieron una parte pequeña de su patrimonio. Al terminar el primer año, Ponzi entregaba a todos los inversionistas su 10%, lo cual los reafirmaba para incrementar su inversión e invitar a familiares y amigos. Lo que Ponzi hacía con el dinero no era ganar más del 10%, sino tomar del dinero invertido, el cual no era solicitado por los clientes, ya que estaban felices con sus rendimientos.

Este esquema colapsa en cualquiera de dos momentos: cuando el organizador huye o cuando una parte importante de los clientes retira su dinero.

Lo que más sorprende no es la relativa ingenuidad de los inversionistas; sino el hecho de que esta historia se ha repetido innumerables veces, en distintas partes del mundo. Concretamente en México, un esquema similar ocurrió hace pocos años con la empresa Ficrea, aún con los mecanismos regulatorios y de supervisión que tienen implementados las autoridades.

9.5 ACCIONES SENCILLAS PARA AUMENTAR MI AHORRO

Las acciones de fondo para incrementar el ahorro han sido revisadas en los capítulos de gasto y deudas. Ahora nos toca hablar de las pequeñas acciones que pueden permitirle a cualquier "primerizo" iniciar su hábito de ahorro. Para ello, utilizaremos una herramienta llamada los Cuadrantes del Gasto; donde identificaremos cuatro clases, de acuerdo a su tamaño (si son mayores o menores al 5% del gasto total) y su flexibilidad (si son gastos indispensables o si puedo eliminarlos). Así podemos ejemplificar un caso típico:

Mayores al 5%

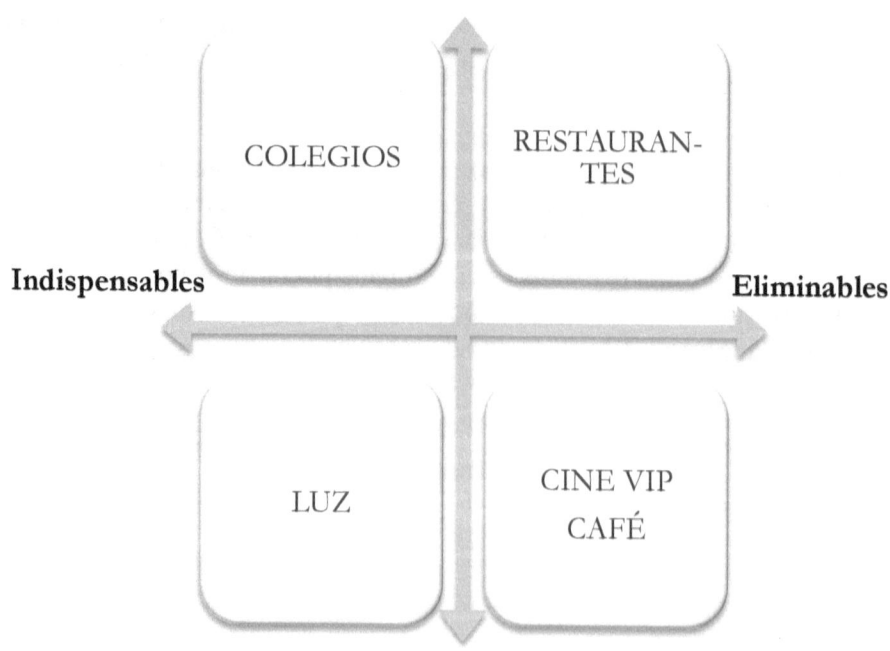

Menores al 5%

Si del lado izquierdo ubicamos los gastos que no podemos evitar, como las colegiaturas y la luz, a la derecha dejamos aquellos sobre los cuales tenemos mayor margen de maniobra. De este modo, en el cuadrante inferior derecho tendremos identificados todos los gastos que podemos reducir con mayor facilidad, para convertirlos en una pequeña victoria de ahorro.

Cambiar el cine VIP por una sala normal o reducir a la mitad el café de "experiencia", nos ofrece una oportunidad inmediata para ahorrar los primeros $1,000 pesos al mes, que ya veremos más adelante cómo se convierten en una gran diferencia.

Cuando iniciamos el desarrollo de un hábito, es muy importante ir conquistando pequeñas victorias, de una en una. Crear el hábito del ahorro puede muy bien iniciar con estas pequeñas acciones, donde convertimos un gasto de $50 pesos diarios, entre semana, ¡en un Ahorro de $1,000 pesos al mes!

Para revisar el impacto que pueden tener distintas acciones en tu propia capacidad de ahorro, aprovecha el simulador gratuito que te guía para obtener tu primer millón de pesos:

doctorfinanciero.com.mx/simulador/mi-primer-millon.php

9.6 CASOS POSITIVOS: PALEANDO NIEVE

Un exitoso empresario estadounidense cuenta la historia de cuando era niño y aprendió el valor del dinero. Al iniciar la temporada de nieve, recorría su vecindario, ofreciendo sus servicios para limpiar diariamente la entrada de las casas.

De acuerdo al número de ventas que lograba, se arreglaba con sus compañeros de escuela para realizar el trabajo. Él mismo se encargaba, cada día, de supervisar que todos cumplieran su tarea y suplir a aquellos que no lo hacían.

Al final de la temporada, tomaba todas sus ganancias y las invertía, sin gastar nada. Este empresario destacaba que, aquella época, fue una experiencia que le permitió desarrollar las capacidades/hábitos fundamentales para el éxito empresarial, que luego alcanzó: El trabajo organizado en equipo y la capacidad para diferir el gasto.

CAPÍTULO DIEZ

CREANDO UN PATRIMONIO

10.1 ¿QUÉ ES EL RIESGO?

Existen cinco factores, que determinan el riesgo para quien invierte:

Experiencias personales: Desde eventos de gran escala, como haber vivido una guerra o una catástrofe natural, hasta situaciones muy concretas, como haber sido abandonado o sufrir una enfermedad, son experiencias que determinan cómo reaccionamos al riesgo.

Estar sólo o en grupo: Como en cualquier decisión de vida, el compartir con otros nos da confianza, pero también implica responsabilidad. No es lo mismo ser el único que se atreve a invertir en un desarrollo inmobiliario, que hacerlo con todos sus amigos. Aunque no sea cierto, contar con el apoyo de un buen grupo de amigos nos da el aparente respaldo de que también ellos evaluaron el riesgo y se animaron a participar. Por eso es más fácil caer en fraudes (como el esquema Ponzi), cuando un buen grupo de conocidos y familiares ya lo ha hecho y están todavía recibiendo sus "beneficios".

Conocimiento y familiaridad: En cualquier ámbito de la vida, la información y la frecuencia con que tenemos contacto con algo o con alguien, genera en nosotros mayor tranquilidad. Por eso los empleados de una empresa, que reciben bonos en acciones, normalmente las conservan aunque haya momentos en que lo recomendable sea venderlas, ya sea por diversificación o porque simplemente no son una buena inversión.

Cómo está descrito: Por eso es importante describir el riesgo que estamos evaluando de distintas formas: Por ejemplo, cuantitativa y cualitativamente o simplemente planteando la opción contraria. Si un Médico nos propone una operación con un 70% de probabilidad de éxito, podemos replantearla como un 30% de probabilidad de fracaso, lo cual es obviamente lo mismo pero nuestra mente lo procesa en forma diferente. Encontraremos un mayor equilibrio considerando ambas posturas.

En qué *mood* estás: Lo cual exige que nunca tomemos una decisión de riesgo en menos de 24 horas, conscientes de que nuestro estado de ánimo influye significativamente en las evaluaciones que hacemos. Cuando se presenta una crisis, es normal que la "amígdala" en nuestro cerebro se encuentre estimulada por el peligro que nos amenaza. Esta sobre-estimulación nos ayuda a estar alerta, pero también concentra nuestra atención, evitando el desarrollo de un pensamiento analítico más elaborado. Si queremos comparar las distintas alternativas que tenemos, será mejor esperar un tiempo, para contar con nuestras capacidades completas.

El miedo a tomar un riesgo se compone de dos elementos:

Probabilidad	Consecuencias
• La inflación ocurre día con día • Las crisis de bolsa o las económicas suceden cada "x" años	• Potencial de catástrofe • Capacidad de controlarlo • Inmediatez

Las consecuencias o resultados mayores de un evento tienen siempre un mayor impacto en la memoria, por lo que los eventos catastróficos se registran con gran intensidad; mientras que consecuencias menores, como el deterioro cotidiano de la inflación, pasan inadvertidas, no obstante que su efecto final sea mayor.

Una persona no olvidará aquella crisis de la bolsa, donde el índice cayó 20% en unos días; pero difícilmente recordará que en un par de décadas la inflación del 10% anual generó rendimientos negativos, que deterioraron sus inversiones en el banco más del 50%.

De igual manera, muchas personas se sobresaltan si su inversión baja uno o dos porciento en un mes, aunque luego se recuperen, pero viven tranquilos viendo cómo su Inversión a Plazo genera rendimientos negativos año con año.

10.2 RIESGO "ACEPTABLE"

Tradicionalmente, las instituciones financieras han manejado tres "niveles" de riesgo que un inversionista está dispuesto a aceptar: Conservador, Moderado y Agresivo. Aunque muchos ahora agregan también el nivel Moderado-Agresivo.

Para conocer cuál es nuestro nivel o perfil de riesgo, las instituciones aplican un sencillo cuestionario que puede ser confirmado con un "stress test"; donde se simulan distintos niveles de alzas y bajas de los mercados, cuestionando al cliente para saber si las "aguanta" o no.

Puedes conocer tu perfil de riesgo en la página:

doctorfinanciero.com.mx/perfil-de-riesgo.php

En base a este perfil se define el nivel de riesgo aceptable, el cual cambia también con la edad; ya que a mayor edad, se acerca el retiro, donde se requerirá contar con el ahorro de largo plazo.

En México, la Ley de Prácticas de Venta tiene el objetivo de contribuir a tener un mercado más ordenado y mejor informado. Busca que los objetivos de los inversionistas correspondan con la distribución de su patrimonio, reduciendo los conflictos de interés y justificando la toma de decisiones. Para ello se establecen distintos criterios, entre los que destacan:

1. Perfilamiento: Las instituciones deberán perfilar, junto con sus clientes, su nivel de riesgo y conocimiento. El plazo, la situación económica del inversionista y la edad serán factores relevantes.

2. Tipo de servicio: El cliente podrá elegir entre servicios asesorados o no asesorados. En el primero, el cliente confía en el asesor y la institución para seleccionar, a su mejor juicio, las inversiones en su portafolio y ejecutar las operaciones correspondientes. Si elige el servicio "no asesorado" el propio cliente será el responsable de la selección de activos, y deberá instruir por voz o escrito a su asesor.

3. Recomendaciones: Esta ley busca eliminar que las instituciones colocadoras de deuda o de ofertas primarias iniciales de acciones tengan conflictos o intereses cruzados.

La implementación de esta ley, durante el 2015, ha exigido a todas las instituciones financieras involucradas establecer procedimientos y sistemas de operación y monitoreo para su cumplimiento. De este modo, las autoridades en México y en cada uno de los países donde se viene implementando, están dando un paso importante para evitar los abusos y desinformaciones que ponen en riesgo el patrimonio de los inversionistas menos preparados.

Por otra parte, la práctica internacional para considerar el nivel de "riesgo aceptable" en inversiones de largo plazo, de acuerdo al perfil y edad, se presenta en la siguiente tabla:

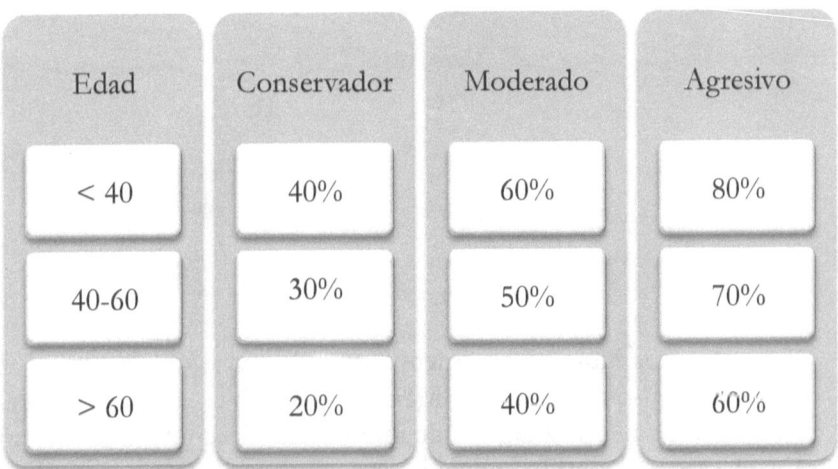

Edad	Conservador	Moderado	Agresivo
< 40	40%	60%	80%
40-60	30%	50%	70%
> 60	20%	40%	60%

De acuerdo a esta tabla, una persona de 50 años con un perfil agresivo, podría tener hasta el 70% de su portafolio, a largo plazo, invertido en productos de riesgo diversificados.

Naturalmente, esta tabla no es sino una "guía" que debe ser adaptada a cada caso en particular y se refiere a un portafolio de largo plazo.

10.3 RENDIMIENTOS DE LARGO PLAZO

Claro que, este "apetito" por el riesgo sólo tiene sentido en la medida en la que haya una mayor retribución mientras mayor es el riesgo aceptado. En la siguiente tabla podemos observar un periodo de cinco años, comparando portafolios con distintas retribuciones de acuerdo al Perfil a edad 50:

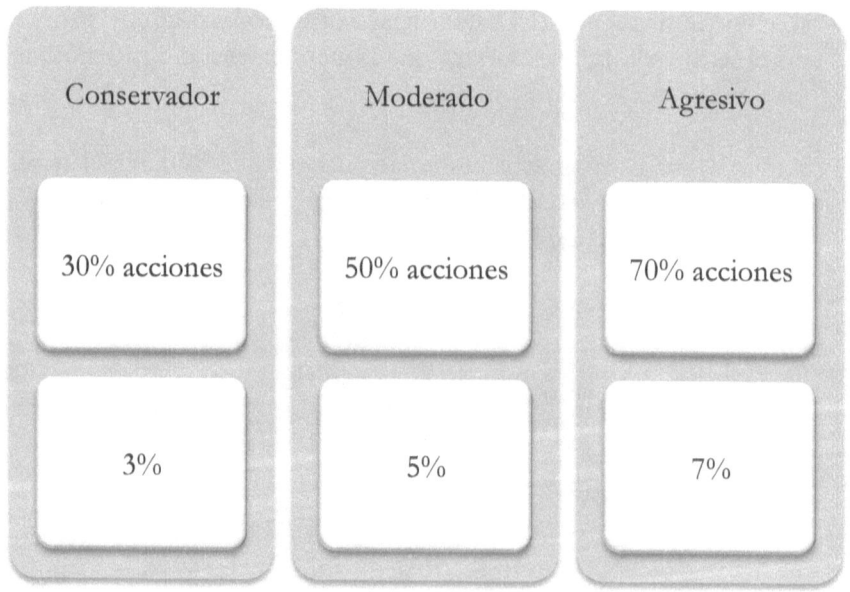

Conservador	Moderado	Agresivo
30% acciones	50% acciones	70% acciones
3%	5%	7%

Esta tabla nos indica, básicamente, que los inversionistas de 50 años con perfil conservador, en México, no deben aspirar a obtener rendimientos más allá del 3% de interés real (descontada la inflación). En el caso del perfil moderado, los inversionistas podrán obtener rendimientos del 5% real, pero deberán estar dispuestos a que ocasionalmente sus rendimientos puedan ser negativos en términos reales.

Es importante destacar que, en la mayoría de las instituciones financieras, los inversionistas no están conscientes de que sus rendimientos son menores a la inflación y que, al pasar los años, sus inversiones aparentan crecer (nominalmente), pero en realidad se van haciendo menos (en valor real, al tomar en cuenta la inflación). Sólo aquellas personas que han vivido en épocas y/o países con altos niveles de inflación se dan cuenta del desastroso efecto que produce y cómo, al pasar el tiempo, el dinero va perdiendo su capacidad de compra.

En esas situaciones de alta inflación, como los 80as en México, el "gasto semanal" daba para adquirir ciertos alimentos, pero seis meses después no alcanzaba para comprar la mitad; es entonces que se comprende completamente el impacto inflacionario. Desafortunadamente, cuando la inflación promedia 4%, como sucede ahora, más del 90% de los inversionistas en México sólo obtienen el 2% de interés nominal y no reaccionan para mejorar su situación.

Un factor muy importante es el impacto que tiene la "volatilidad" de las inversiones que generan mayores rendimientos, ya sea en los portafolios moderados o en los agresivos. Esta "volatilidad" es el riesgo o posibilidad de que un rendimiento baje o suba, aunque en el largo plazo al final promedie, por ejemplo, el 6%. Es decir que, una inversión puede generar un rendimiento del 6% anual en cinco años pero, en uno de esos años, puede generar rendimientos negativos y aún así promediar 6%.

Es por eso que, al definir el perfil de un inversionista, tiene que preguntarse si es capaz de aceptar que su inversión baje, en el corto o mediano plazo, sin angustiarse porque su patrimonio se ha reducido temporalmente. Si no puede tener la paciencia para esperar los años de recuperación, será mejor definirlo como inversionista conservador y aceptar que su rendimiento será sólo ligeramente superior a la inflación, pero no tener la expectativa de alcanzar rendimientos del 6% o superiores.

CAPÍTULO ONCE

CUATRO TIPOS DE INVERSIONES

Considerando, por cuestiones de diversificación, que el inversionista común de clase media, no debe invertir en acciones y/o papeles individuales, nos concentraremos en los siguientes cuatro grupos:

| Plazo Fijo | Fondos de Deuda |
| Fondos de Renta Variable | Fondos Diversificados |

11.1 INVERSIONES A PLAZO FIJO

La inversión más común que ofrecen las instituciones financieras a sus clientes son aquellas que ofrecen un rendimiento conocido, desde un principio. Existen distintos productos, pero en general se les conoce como Inversiones a Plazo.

En México, estas inversiones, cuando son ofrecidas por un banco, cuentan con el seguro de depósito llamado IPAB; por sus siglas en "Instituto para la Protección al Ahorro Bancario". Éste cubre los recursos de un cliente en el sistema bancario hasta por 400 mil Udis (equivalente, en 2015, a poco más de $2 millones de pesos). Esto quiere decir que, si un banco quiebra, sus clientes recibirán del IPAB lo que tuvieran ahorrado/invertido en ese banco, hasta 400 mil Udis, pero sólo del dinero que estaba en instrumentos como cuentas a la vista (cheques y ahorro) y cuentas de inversión a plazo, mas no en fondos de inversión.

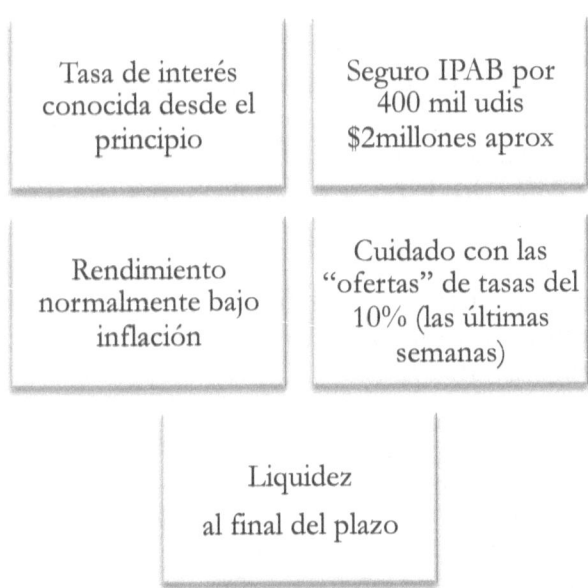

En cuanto a los rendimientos brutos ofrecidos por los bancos en México, en estas cuentas de inversión a plazo, se encuentran en el rango del 1% al 3% nominales, dependiendo el plazo y el monto. A ese rendimiento se le descuenta el impuesto del 0.60% (que siempre se retiene) para obtener el rendimiento neto, que es el que se recibe.

Es por eso que hemos comentado que los rendimientos que se ofrecen hoy en día en México, para inversiones conservadoras, son inferiores a la inflación; que los últimos años se ha ubicado entre el 2% y el 4%. Sólo una pequeña minoría obtiene un rendimiento real positivo, invirtiendo en este tipo de productos, pero ciertamente todos obtienen dos beneficios de la mayor importancia: La seguridad de la protección IPAB y la certeza de cuál será el rendimiento que generará su inversión al finalizar el plazo contratado.

En cuanto a los riesgos que se corren, al utilizar estos productos, destacan en primer lugar las "ofertas" que muchas instituciones no bancarias realizan con la reducida supervisión de las autoridades. Entre ellas son comunes las promociones que prometen altas tasas de interés (hoy en día, por ejemplo, 6% y hasta 10% anual), por parte de cajas de ahorro y/o financieras especializadas; como fue el reciente caso Ficrea. En estos casos, el problema más común es que no son capaces de mantener estos rendimientos por mucho tiempo y acaban quebrando; ofreciendo un seguro mucho más limitado que el seguro de los bancos.

Un riesgo adicional, que podemos encontrar en el sistema bancario, es el "engaño" que suponen las ofertas de "altas tasas", pero que en la letra pequeña sólo aplican para las últimas semanas del plazo. El cliente se ve atraído por la oferta, pero luego se le explica (si lo llega a hacer el funcionario de ventas) que la tasa alta de la oferta no será el rendimiento final acumulado que obtendrá; sino que habrá una tasa promedio final, que se obtiene de las distintas tasas semanales o mensuales que tiene su contrato de inversión y que obviamente le solicitarán firmar hoja por hoja, suponiendo que lo leyó a detalle.

Una alternativa a las inversiones a plazo bancarias, muy recurrida por los mayores inversionistas, son los CETES. Se trata del instrumento emitido por el gobierno federal mexicano, que está garantizado al 100% sin límites, como los del IPAB. Este producto puede obtenerse en los bancos, pero también por internet en la página www.cetesdirecto.com desde $100 pesos; donde se ofrecen productos para invertir a plazos desde 1 día hasta 30 años y con liquidez.

11.2 FONDOS DE DEUDA

Tasa de interés variable conocida sólo históricamente	Sin seguro IPAB, depende de la seguridad de la institución
Rendimiento normalmente bajo y hasta inflación	A mayor plazo o "delta" tienen más riesgo de minusvalía si las tasas suben
Liquidez diaria	

Los Fondos de Inversión se desarrollan en la década de los 70as, bajo la idea de aprovechar, juntando a varios inversionistas, las mayores tasas que ofrecían las instituciones a inversiones con mayores montos. Es por eso que en Estados Unidos se les denomina *Mutual Funds*, ya que una mutualidad es la unión en un grupo para un propósito específico.

En México, a partir de los 80as nacen las Sociedades de Inversión, conocidas comúnmente como Fondos. Estas sociedades, operadas normalmente por bancos y casas de bolsa, pueden constituirse para invertir en productos de Deuda (renta fija como inversiones a plazo de bancos, papeles gubernamentales como cetes y bondes o papeles privados, emitidos por empresas, como son los bonos de deuda), así como para invertir en Acciones (renta variable) o una mezcla de ambos tipos.

Existe una gran variedad de fondos de inversión, con papeles mexicanos e internacionales, que permiten así al inversionista pequeño acceder a mercados en prácticamente todo el mundo, sin tener que enviar su dinero a otro país; con las complejidades logísticas y fiscales que ello implica.

En cualquier caso, cada fondo cobrará a sus clientes una comisión por su operación, resultando así un rendimiento neto, que es el que podemos consultar históricamente. Esto quiere decir que no tenemos la certeza del rendimiento que se va a generar, sólo tenemos el resultado que la institución publica de sus rendimientos del día anterior, la semana, el mes, el año o lo que va del año. Adicionalmente, en la página www.fondos.com.mx aparece esa misma información y la de años anteriores. Se trata de una guía y no de una garantía de lo que ocurrirá en el futuro.

A diferencia de las inversiones a plazo bancarias, los fondos no tienen el seguro IPAB, pero ofrecen liquidez inmediata o a unos pocos días, además de contar con mejores rendimientos netos. Aún así, la gran mayoría de los fondos de deuda en México, han estado generando, en los últimos años, rendimientos por debajo de inflación o negativos en términos reales.

Uno de los mayores beneficios que ofrecen los fondos es su capacidad para ofrecer a los inversionistas mayores niveles de diversificación, que ayudan así a reducir el riesgo de invertir en una institución o en un papel específico.

Entre los riesgos que conllevan los fondos de deuda, está que éstos también dependen de la solidez de la institución que los maneja y especialmente, de las instituciones y empresas a las que el fondo les compra sus papeles.

Por esta razón y por las alzas en las tasas de interés, un fondo de deuda puede tener una reducción en su precio. Es por ello que un inversionista puede ver caer su inversión en un momento dado, aunque claramente esta baja en el precio puede ser pequeña comparada con lo que puede ocurrir en la renta variable (acciones).

Esta es la razón por la cual la Ley de Prácticas de Venta no permite que a un inversionista conservador se le vendan fondos o productos de inversión con plazos mayores a tres años; ya que, a mayor plazo, puede ser mayor la caída del precio del Fondo.

11.3 FONDOS CON RENTA VARIABLE

Rendimiento variable conocido sólo históricamente	No tiene seguro IPAB, depende de la seguridad de la institución: Banco…
Rendimiento histórico más alto que cualquier otro	En crisis, caídas de más del 50%, una al 90% tomó 10 años en recuperarse

Liquidez diaria/semanal

Sólo son para inversionistas moderados y agresivos, conforme a las reglas de la Ley de Prácticas de Venta, que recomendamos consultar en el sitio de la Comisión Nacional Bancaria y de Valores www.cnbv.org . Para el caso de los inversionistas conservadores una alternativa de inversión en renta variable, de largo plazo, está en las aportaciones voluntarias de las Afores (Fondos de Retiro).

Los Fondos de Renta Variable adquieren, parcial o totalmente, acciones y operan en forma similar a los de deuda en cuanto al reporte de sus rendimientos y el cobro de comisiones. Sin embargo, estos Fondos, tal como ocurre con la compra individual de acciones, exige del inversionista un nivel de *expertisse* y un perfil de riesgo que la mayoría no tiene y que permite que promotores sin escrúpulos les engañen con facilidad.

Los fondos de renta variable son una excelente herramienta para todos aquellos inversionistas, con perfiles moderados y agresivos, tanto para ir construyendo un sólido patrimonio, como para generar la inversión requerida para vivir su retiro con comodidad.

Si los fondos de deuda, de mediano y largo plazo, nos pueden generar rendimientos ligeramente por encima de la inflación, los de renta variable nos pueden ofrecer (México 1995 a 2015) rendimientos promedio del 12% nominal (8% real) en el mediano y largo plazos.

Uno de los temas que ya tratamos fue el de las metas personales. En ese momento destacábamos la propuesta que hace el libro "Padre Rico, Padre Pobre" para hacer que sea el dinero el que trabaje para uno. Sin duda, los fondos de renta variable son una de las herramientas más eficaces para lograrlo, en el mediano y largo plazo; ya que con ellos se pueden crear portafolios conservadores, moderados y agresivos de acuerdo al perfil del inversionista.

Aunque también aplica en los fondos de deuda, una de las mayores ventajas de invertir en acciones, a través de un fondo, es que se aplica la estrategia de diversificación. Para ello, la recomendación es hacerlo en fondos indexados y no en fondos gestionados por especialistas; ya que la gran mayoría de las instituciones no logran superar los "índices" de las bolsas en las cuales invierten. Es común escuchar cómo una institución financiera presume que logró superar un índice en particular, pero al siguiente año tiene que cambiar de fondo a presumir; ya que no logró repetir la hazaña con el del año anterior.

Una característica importante de los fondos de renta variable es que son mucho más volátiles (riesgosos) que el resto de las inversiones que hemos revisado. Por eso es muy importante no dejarse llevar por sus alzas y bajas. Esto significa que es natural que se presenten caídas y, lo último que debemos hacer, es "vender" cuando su valor baja. Por el contrario, cuando las bolsas caen, es cuando los precios de las acciones están más baratos y lo más apropiado es comprar, no al revés. Si los fondos que hemos comprado tienen una baja (llamada también minusvalía) lo apropiado será tener paciencia y olvidarnos de estar mirando su precio cada día. Esto sólo nos frustra y nos invita a tomar la decisión equivocada. Recordemos que todas, absolutamente todas, las caídas de las Bolsas se han recuperado, la gran mayoría de las veces en plazos de dos hasta cinco años.

11.4 FONDOS MIXTOS DIVERSIFICADOS

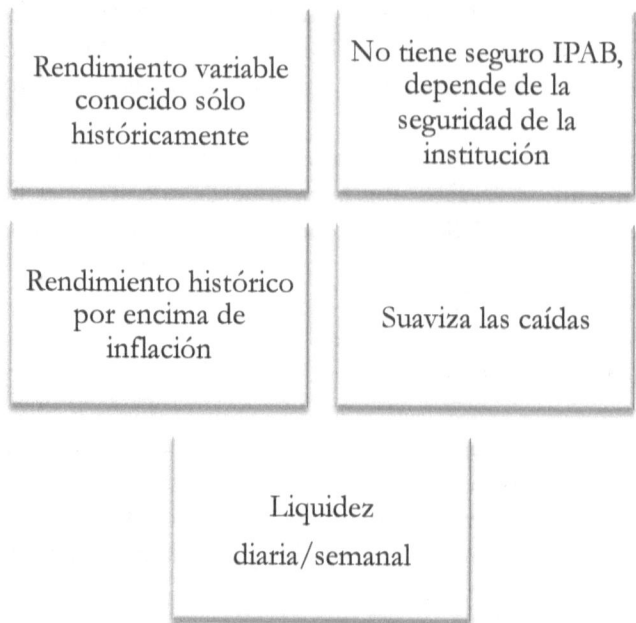

Rendimiento variable conocido sólo históricamente

No tiene seguro IPAB, depende de la seguridad de la institución

Rendimiento histórico por encima de inflación

Suaviza las caídas

Liquidez diaria/semanal

Los fondos mixtos diversificados, también conocidos como fondos de fondos, son utilizados por los inversionistas que prefieren dejar en manos de una institución la composición de su portafolio de inversión.

De acuerdo a su composición, encontraremos fondos conservadores, moderados y agresivos; naturalmente, con las ventajas y desventajas de que su gestión estará completamente en manos del gestor especialista.

Un ventaja de estos Fondos Diversificados es que evita la necesidad de "rebalancear" el portafolio de inversión, ya que el propio manejador del fondo estará gestionando que el fondo mantenga los porcentajes de las clases de activos que tenga definidos. Naturalmente, esta gestión evita que el inversionista pague comisiones de compraventa para realizar el balanceo.

11.5 CÓMO SE COMPORTAN LAS BOLSAS DE VALORES

Si tomamos un plazo largo, digamos 20 años, podemos observar el crecimiento de las Bolsas de Valores de los mercados más relevantes, para un inversionista mexicano:

FECHA	IPC MÉXICO	DOW JONES EUA	STOXXE50 EUROPA
1995-DIC	2,778	5,395	1,611
2015-AGO	43,291	16,330	3,221
% real anual	8.3%	6.4%	5.0%
En pesos			
1995-DIC	2,778	41,319	15,646
2015-AGO	43,291	272,432	60,508
% real anual	8.3%	9.6%	1.1%

Si tomamos una canasta donde invertimos una tercera parte en cada uno de estos mercados, obtenemos un rendimiento real anual del 6% en pesos.

¿En estos 20 años ha habido alguna caída importante en los mercados mundiales? Por supuesto que se han presentado crisis muy importantes. Destaca la crisis Rusa en los 90as, las crisis mundiales del "punto com" en el 2000 y de las hipotecas "*subprime*" en 2008. Sin embargo, los mercados accionarios reflejan que las empresas, en el largo plazo, siguen un camino de progreso.

CAPÍTULO DOCE

UN MÉTODO FÁCIL PARA INVERTIR

12.1 LOS TRES PASOS PARA INVERTIR

Para todos aquellos que se sienten inseguros al invertir, la recomendación de los expertos es aplicar un método sencillo pero que a la vez sea siempre "consistente" y que incluya los siguientes tres pasos:

Primer paso: Elimina las deudas malas y optimiza tus gastos, de acuerdo a las recomendaciones de los capítulos correspondientes.

Segundo paso: Ahorra 15% para tu retiro y 10% para tus metas, invirtiendo en un portafolio diversificado, de acuerdo a tu perfil de riesgo.

Tercer paso: Rebalancea cada año, vendiendo y comprando, para mantener los porcentajes de diversificación.

12.2 CÓMO DIVERSIFICAR

La forma más sencilla de diversificación es incluir en el portafolio de inversión tres "clases" de activos: deuda, acciones nacionales y acciones internacionales; cubriendo tres monedas: dólares, euros y moneda nacional.

Para cada una de estas "clases" de activos, la recomendación es invertir lo más ampliamente posible. Es decir, lo contrario a concentrar la inversión en unas pocas acciones, aunque éstas sean las "estrellas" del momento. Sólo falta recordar que esas estrellas, como ocurrió con el caso Enron a principios de este siglo, también tienen la posibilidad de quebrar o perder la mayor parte de su valor, como ocurrió con los bancos más importantes del mundo en 2007/2008.

Uno de los errores típicos de los inversionistas, que no diversifican correctamente, se presenta cuando lo hacen en inmuebles, adquiriendo una o dos propiedades, para rentar. Al haber concentrado su inversión, el riesgo de encontrarse con algún problema es muy alto. Ocurre lo mismo con una acción y hasta con una inversión en un bono o papel de deuda.

La única inversión no diversificada que tiene sentido es la del negocio propio que uno mismo gestiona y, aún en este caso, existen esquemas de diversificación para reducir el riesgo.

Es por lo anterior que la recomendación más sencilla es, para cada clase de activo, invertir en un Fondo Indexado, que represente ampliamente al mercado correspondiente. Por ejemplo, si se quiere invertir en una clase de activo como las acciones de Estados Unidos, lo más sencillo será hacerlo en un Fondo de Renta Variable o un ETF indexado al Dow Jones.

12.3 REBALANCEANDO EL PORTAFOLIO

El tercer paso del método, el rebalanceo, busca sencillamente que el portafolio de inversión mantenga la estructura decidida inicialmente. Es decir, si tenemos una inversión de $1,000 pesos que está diversificada en dos clases de activos 50/50, donde el activo A creció 20% y el activo B creció 40%, al terminar el año la inversión valdrá $1,300 pesos; compuesta por $600 pesos del activo A y $700 del activo B.

El rebalanceo tiene como propósito volver a tener 50/50, es decir, $650 pesos de cada activo; lo cual nos obliga a vender $50 pesos del activo B para comprar $50 pesos del activo A.

De esta forma, cada año estaremos vendiendo las acciones que más subieron de precio y comprando las que menos crecieron, lo cual es una sana práctica: Vender Arriba y Comprar Abajo.

12.4 INVIRTIENDO DESDE JÓVENES

Aunque a todos nos queda claro que el hábito de ahorrar debe ser aprendido desde pequeños, parece no ocurrir lo mismo cuando se trata de invertir y crear un patrimonio. La mayoría considera que, en su etapa laboral inicial, su ingreso es insuficiente para vivir y mucho menos para ahorrar. Es más, consideran que es "inútil" ahorrar el 10% de ese pequeño ingreso y que ya habrá tiempo para hacerlo en el futuro, cuando el ingreso sea mayor. En pocas palabras, no vale la pena el sacrificio, más allá de formar un fondo de emergencias.

Veamos la siguiente tabla, donde se describen cuatro escenarios de crecimiento salarial real (sin inflación), indicando el porcentaje de la inversión final que se generó en cada una de las cuatro décadas que trabaja una persona, desde los 25 a los 65 años:

Rango de Edad

SUELDO (mil/mes)	25-35 0 a 10	35-45 11 a 20	45-55 21 a 30	55-65 31 a 40	TOTAL Millones	Años de sueldo ahorrados
15-30	$2.2	$1.6	$1.1	$0.7	$5.7	**15.9**
	39%	29%	20%	13%		
15-45	$2.2	$2.0	$1.5	$1.1	$6.9	**12.9**
	32%	29%	23%	16%		
15-75	$2.2	$2.8	$2.4	$1.8	$9.4	**10.5**
	24%	30%	26%	20%		
15-150	$2.2	$4.9	$4.7	$3.7	$15.5	**8.7**
	14%	31%	30%	24%		
Ahorro:	15%		**Tasa real:**	6%		

Lo que nos revela este análisis, por ejemplo en el primer renglón de la tabla, es que si un joven de 25 años, que sólo logre duplicar su sueldo durante su vida laboral (de 15 a 30 mil pesos), decide no ahorrar e invertir el 15% de su ingreso en la primera década (25 a 35 años), dejará de contar a su edad de retiro con el 39% de lo que pudo haber obtenido para jubilarse. En contraste, su última década de ahorro, aunque tenga el doble de sueldo, sólo le aportará el 13%.

Sorprendente, ¿no es así? Pero, ¿cuál es la razón o causa que provoca esta situación? Simple y sencillamente se trata del efecto del interés compuesto. En nuestro ejemplo, hemos utilizado una tasa real del 6% (la cual se puede obtener invirtiendo en aportaciones voluntarias de la Afore o en fondos de renta variable).

Para que alguien pueda considerar que "no vale la pena el sacrificio" o que es "inútil" invertir desde jóvenes, se requeriría estar en el cuarto escenario de nuestra tabla, que supone un crecimiento salarial de 10 veces en términos reales (de 15 a 150 mil pesos mensuales de hoy), lo cual logra menos del 0.01% de la clase media.

En conclusión, no deje pasar la oportunidad de invertir desde el primer día de su vida laboral.

12.5 ¿CUÁNTO DEBO TENER A MI EDAD?

El Patrimonio, como ya hemos comentado, es lo que Tengo menos lo que Debo. Lo que Tengo normalmente se compone de inversiones y propiedades, que pueden ser inmuebles o terrenos (lo más común), así como también joyas, obras de arte y similares, pero no se consideran los muebles y electro-domésticos. Lo que Debo son todas las deudas, incluyendo las familiares.

En México, en 2015, el ingreso del décimo decil que integra a la clase media y media alta (NSE B/C+) promedia 500 mil pesos anuales o 30 mil dólares netos. En la siguiente tabla se detalla el Patrimonio Esperado para un hogar de este grupo a diferentes edades:

EDAD	INGRESO ANUAL	PATRIM ESPERADO	BUEN ACUMULADOR
30	360 mil	1.0 mill	1.0 mill
40	500 mil	2.0 mill	3.0 mill
50	600 mil	3.0 mill	6.0 mill
60	600 mil	3.6 mill	7.2 mill
65	600 mil	3.9 mill	7.8 mill

Si una persona tiene 30 años de edad y un ingreso de 360 mil pesos al año (30 mensuales) se "espera" que haya acumulado un patrimonio de un millón de pesos, ya sea en inversiones y/o en propiedades; invirtiendo por ejemplo, de acuerdo a la siguiente tabla:

INVERSIÓN DE LOS 20 A LOS 30 AÑOS DE EDAD

EDAD	INGRESO ANUAL	AHORRO 35%	ACUMULADO INVERTIDO AL 8%
20	60,000	21,000	21,800
21	60,000	21,000	45,400
22	60,000	21,000	70,900
23	120,000	42,000	120,200
24	144,000	52,500	184,400
25	180,000	63,000	264,700
26	220,000	77,700	366,700
27	260,000	92,400	492,100
28	300,000	105,000	640,700
29	330,000	115,500	812,100
30	360,000	126,000	1'008,100

En la tabla anterior, el Ahorro del 35% incluye la aportación a la Afore, el ahorro adicional para el Retiro y el ahorro tanto para el enganche de una propiedad como para proyectos adicionales.

En 2015, la revista Forbes publicó el caso de la pareja en la ciudad de Boston que se propuso jubilarse antes de los 35 años y simplemente calculó que tenían que ahorrar el 65% de su ingreso para lograrlo. Si ellos pudieron ajustar sus gastos a ese nivel, ahorrar el 35% no parece imposible para alcanzar, a los treinta años, nuestro primer millón en inversiones (incluye afore) y propiedades.

Para saber Cuánto debes tener como Patrimonio, de acuerdo a tu Ingreso actual y tu edad, utiliza el simulador gratuito:

doctorfinanciero.com.mx/simulador/patrimonio-esperado.php

12.6 EL CASO DE BEATRIZ A LOS 25 AÑOS

Cuando le proponemos a una joven de 25 años, como Beatriz, que ahorre el 35% de su ingreso, la respuesta inmediata es: ¡Imposible! Pero veamos más de cerca el caso de Beatriz, ella planea vivir con una compañera, repartiéndose los gastos, con el siguiente presupuesto:

PRESUPUESTO a los 25 años	Original
AHORRO	$0
RENTA	$3,000
DEUDAS	$2,000
ALIMENTOS	$2,000
TRANSPORTE	$2,000
SERVICIOS	$1,500
ENTRETENIMIENTO	$2,500
IMPUESTOS	$2,000
TOTAL	$15,000

Con un ingreso bruto de 15 mil pesos cada una, y considerando que ahorran para el retiro 6.5% (afore de su empleo formal), requerimos identificar un 28% de gastos a convertir en ahorro.

El primer paso, para Beatriz, es liberarse de sus "deudas malas". Para ello, decide ajustar los renglones de entretenimiento (de $2,500 a

$1,250), renta (de $3,000 a $2500) y servicios (de $1,500 a $1,000) para aumentar con esos $2,250 pesos su Pago de Deudas de $2,000 a $4,250 y liquidarlas en 6 meses. Al terminar, Beatriz contará con esos $4,250 pesos libres para ahorrar, justamente el 28% que la convertirá en millonaria, mucho antes de lo que pensaba.

En menos de 10 años, contará con el dinero suficiente para cumplir sus metas de independizarse y seguir construyendo un sólido patrimonio.

12.7 COMPRANDO MI COCHE AL CONTADO

Lo primero que se nos ocurre, cuando pensamos en comprar nuestro auto, es buscar las opciones de financiamiento, sin pensar que estamos echando por la borda una oportunidad única de volvernos millonarios. ¿Pero cómo?

Veamos un caso concreto, con un compacto sedán 2015:

VALOR AUTO nuevo 2015	$229,000
ENGANCHE 20%	$46,000
MENSUALIDAD A 3 AÑOS	$6,400
SUELDO	$40,000

La solución no deja de ser "exigente", ya que de entrada, debes esperar 9 meses ahorrando los $6,400 por mes y más el ahorro, que ya tenía para el enganche de $46 mil, comprar un usado 2010 de $103 mil pesos. A partir de ahí, la idea es ahorrar los $6,400 por 15 meses y vender el usado en $90 mil, para comprar un "usado del año" (modelo 2017) en $189 mil pesos. Con este esquema, del mes 25 al 36 podrás ahorrar los $6,400, que no pagaste del crédito.

Si repites cada cinco años este esquema, donde ahorras $76,800 (por los 12 meses del 3er año que no pagaste $6,400 mensuales) y los inviertes 35 años al 8% acumularías 3.3 millones de pesos reales, es decir pesos de hoy, tal como se presenta en esta tabla:

AÑO	AHORRO REAL	ACUMULADO AL 8% ANUAL
3 AL 7	$76,000	$112,000
8 AL 12	$76,000	$276,000
13 AL 17	$76,000	$517,000
18 AL 22	$76,000	$872,000
23 AL 27	$76,000	$1'394,000
28 AL 32	$76,000	$2'161,000
33 AL 37	$76,000	$3'288,000

Claro que este esquema te exige cambiar de mentalidad y aprender a diferir el consumo (en este caso 9 meses). Nada fácil, sobretodo cuando tu vecino o tus familiares presumen sus compras "totalmente nuevas". Por otra parte, en la mitad del tiempo tu auto será más nuevo que el de tu vecino; aunque no sea para presumirlo.

Si con este pequeño sacrificio, acumulas más de 3 millones de pesos, imagina lo que otros sacrificios de "apariencias" te permitirán acumular, para que en el futuro sea tu dinero el que trabaje para ti.

Pero si sólo acumulas estos 3 millones de pesos, ya estarás garantizando el ahorro adicional a la Afore que, como hemos comentado, debías hacer para obtener una buena jubilación. Para una buena jubilación a los 65 años, un sueldo de $40 mil pesos mensuales requiere acumular 10 a 12 años de ingreso, es decir, 5 a 6 millones de pesos incluyendo Afore.

12.8 MILLONARIO EN DÓLARES

Si tu ambición va un poco más allá y lo que quieres es ser millonario, pero en dólares, como lo es el 5% de los estadounidenses; la fórmula es ahorrar mil dólares al mes e invertirlos adecuadamente.

En la siguiente tabla podemos observar qué le ocurre a un inversionista, de acuerdo a su perfil de riesgo, cuando invierte a largo plazo:

INVIRTIENDO MIL DÓLARES AL MES

PERFIL	TASA REAL	en 20 años	en 30 años	en 40 años
CONSERVADOR	2%	$295 mil	$499 mil	$736 mil
MODERADO	4%	$368 mil	$696 mil	$1'186 mil
AGRESIVO	6%	$464 mil	$1'009 mil	$2'001 mil
INVERSIONISTA PROMEDIO	-1%	$217 mil	$311 mil	$395 mil < 20%

En esta tabla se destaca al "inversionista promedio" invirtiendo su ahorro (mil dólares por 480 meses = $480 mil dólares) a la tasa real negativa del -1%; lo cual le deja al final de los 40 años con $395 mil dólares (20% menos que su ahorro). Comparado con un inversionista "agresivo" que al invertir esa misma cantidad de ahorro ($480 mil dólares), los convierte en $2 millones de dólares al obtener un 6% de interés real. La diferencia es impresionante: ¡más de cinco veces!

No deja de sorprendernos que este "inversionista promedio", que representa al 90% de la clase media, siga sin darse cuenta que sus ahorros pierden valor al paso del tiempo. Aunque se siga difundiendo esta realidad, las personas no están interesadas en comprender que, aún con un perfil "conservador", quien se decide a invertir puede acumular el "doble" y vivirá una jubilación desahogada; mientras que la gran mayoría tendrá que esperar a que la suerte le acompañe.

Ahorrando mil dólares al mes, teniendo un perfil "moderado", ingresarás al exclusivo club de los millonarios en dólares, donde menos del 1% de las familias en México y cualquier país de Latinoamérica se encuentran.

CUARTA PARTE: PROTEGIENDO EL PATRIMONIO

OBJETIVO:

ANTICIPAR LAS CRISIS

CAPÍTULO TRECE: LAS CRISIS AL PASO DEL TIEMPO

CAPÍTULO CATORCE: CUATRO TIPOS DE SEGUROS

CAPÍTULO QUINCE: PLAN FINANCIERO

CAPÍTULO TRECE

LAS CRISIS AL PASO DEL TIEMPO

13.1 ¿POR QUÉ APRENDER A PROTEGERSE?

Podemos decir que el ser humano, por naturaleza, es "ingenuo" y necesita experimentar por sí mismo todo aquello que le ocurre, para bien o para mal. Si alguien nos anticipa que algo está "muy caliente", no nos detenemos hasta comprobar qué tan caliente está. Sólo cuando nos "quemamos" por primera vez (y a veces por segunda o tercera) es cuando tomamos mayores precauciones.

En esta última parte, iremos resolviendo cuatro dilemas básicos, que podemos plantearnos ante esta necesidad de ser precavidos:

- ¿Hasta cuánto invertir en protegernos?
- ¿Es mejor Ahorrar o Asegurarse?
- ¿Qué es una Crisis?
- ¿Cuándo conviene un Seguro/Inversión?

Aún frente a esta naturaleza humana, por ir libres y confiados, las experiencias dolorosas nos van mostrando que las crisis ocurren con mayor frecuencia de lo que deseamos y, sin embargo, nos resistimos.

El nivel de aseguramiento es alarmantemente bajo: De acuerdo a la Encuesta Nacional de Empleo y Seguridad Social 2013, aunque no tiene costo sólo el 77% (91 de 118 mills) está afiliado a algún instituto de seguridad social; y de ellos, sólo el 67% utiliza sus servicios. Además de que sólo el 7% tiene Seguro de Vida (según Monterrey NY Life) y según la encuesta de Inclusión Financiera 2015 sólo el 25% cuenta con algún tipo de seguro (excluyendo seguro social).

13.2 ¿QUÉ ES UNA CRISIS?

El "Riesgo" de que un evento tenga un impacto negativo, puede clasificarse, de acuerdo a dos condiciones relevantes: Su Frecuencia y su Impacto. Con estas dos condiciones, podemos crear la siguiente matriz:

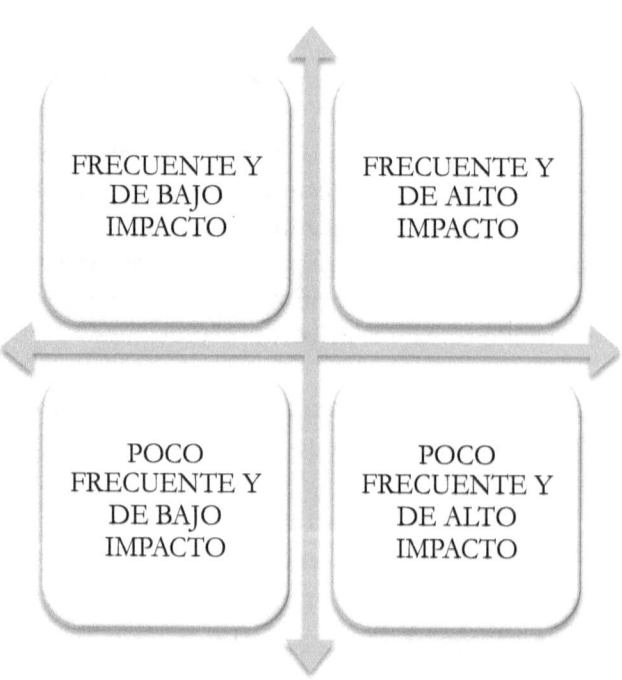

Los eventos de bajo impacto, sean frecuentes o no, deben enfrentarse simplemente con el ingreso cotidiano o, en casos un poco mayores, utilizando el fondo de emergencias. Entre ellos nos puede ocurrir algún accidente casero, una falla del auto o una pequeña enfermedad. No gastes, aunque sea poco, en garantizar cubrirlo todo, ya que terminarás pagando de más. El caso más claro es el seguro médico sin deducible, conocido como Seguro de Gastos Médicos Menores, que pretende cubrir cualquier gasto de medicinas y atención médica.

Una verdadera crisis sólo se presenta cuando el impacto es alto y no tenemos la capacidad de enfrentarlo con nuestros recursos. Un terremoto o una catástrofe natural, que destruye el patrimonio que hemos construido. Una enfermedad de alto costo, que consume el ahorro de toda una vida o que, peor aún, requiere suspender su tratamiento por falta de recursos. Un accidente que nos incapacita, para seguir manteniendo a nuestra familia. Son los casos donde es indispensable concentrarnos.

Por falta de conocimientos básicos, como éstos, es común encontrar familias que tienen asegurados 4 o 5 autos con cobertura amplia y bajos deducibles, pero no cuentan con seguros de vida/incapacidad o gastos médicos mayores; pensando que es más probable un accidente automovilístico que una enfermedad grave.

Cuando se cuenta con muchos vehículos, puede ser conveniente evaluar si es mejor una cobertura amplia o una limitada. Por ejemplo, si alguien paga 4 seguros con cobertura amplia, por autos compactos, gastando $56 mil pesos por año; la diferencia con una cobertura limitada, que cubre el robo y terceros (obligatorio ya en muchos lugares), sería de $36 mil pesos, los cuales pueden incluirse en el fondo de emergencias y/o dedicarlos al pago de otros seguros más relevantes. Naturalmente, cuando sea necesario reparar uno de estos autos, porque el seguro no cubre los golpes propios, el gasto deberá ser pagado con el fondo de emergencias.

13.3 EL CICLO DE VIDA

Al paso del tiempo, también las necesidades de protección van evolucionando. Desde los jóvenes solteros, que requieren coberturas básicas de auto y gastos médicos, hasta los retirados que deben preocuparse de proteger su patrimonio.

En la primera etapa del Ciclo de Vida, al contar con un ingreso limitado, es necesario optimizar las primas para cubrir cuatro áreas principales: la salud, el ingreso, las propiedades y el auto; eligiendo productos con deducibles altos y coberturas básicas.

En la etapa de las Familias Jóvenes, las coberturas deben ampliarse, para contemplar a los hijos, el crecimiento de las propiedades y el ingreso, así como la integración de coberturas más sofisticadas.

En la Madurez, al irse independizando los hijos, las necesidades de cubrir el ingreso y la salud familiar se limitan a la pareja. Esto permite también reducir el nivel de primas, acorde al menor ingreso que implica normalmente el retiro.

En cualquier caso, siempre es necesario tener en cuenta que, asegurarse es compartir el riesgo. Esto quiere decir que, al no saber quién sufrirá el llamado "siniestro", todos los asegurados aportan para cubrir al que le ocurre, evitando así que el afectado tenga que enfrentar un gasto enorme.

CAPÍTULO CATORCE

CUATRO TIPOS DE SEGUROS

La industria de seguros, cuenta con una gran variedad de productos, tanto para individuos como empresas. En esta ocasión, presentamos una breve descripción de los cuatro más relevantes para individuos:

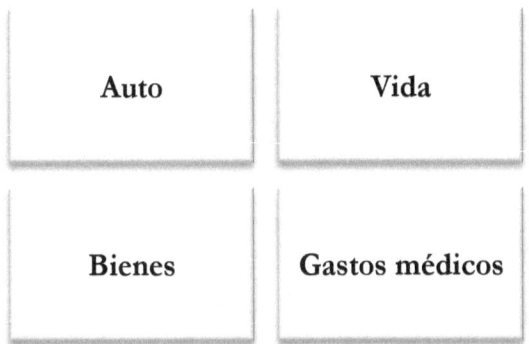

Auto	Vida
Bienes	Gastos médicos

14.1 SEGURO DE AUTOMÓVIL

Sin duda el más utilizado y conocido, debido en buena parte a su "obligatoriedad", cuenta con las siguientes características:

En primer lugar, la Cobertura puede ser Amplia o Limitada, donde ambas cubren el robo y los daños a terceros, pero sólo la primera cubre los golpes al propio vehículo.

La Responsabilidad Civil, en algunos lugares también obligatoria, para la Ciudad de México en 2015 exige una cobertura sobre personas por $600 mil pesos por evento y hasta $2.6 millones acumulado, así como una cobertura sobre bienes por $600 mil pesos por evento. Se cubren lesiones y hasta la muerte.

El Deducible indica a partir de qué monto (% del valor factura del vehículo) la aseguradora paga. Es decir que, si el avalúo del siniestro es menor, el asegurado debe hacerse cargo de su compostura.

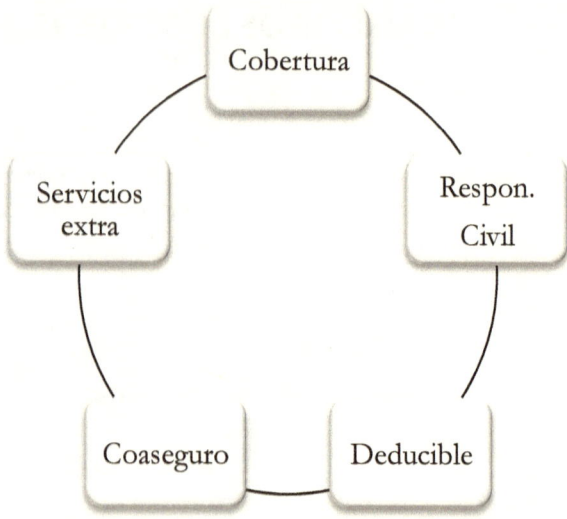

El Coaseguro, por su parte, indica el % del siniestro que debe ser cubierto por el asegurado. Es decir, si se presenta un robo, la aseguradora sólo cubrirá el % restante del valor de mercado del automóvil (de acuerdo, en México, al llamado "Libro Azul" que registra valores de compra-venta de cada marca y modelo).

Otros Servicios que ofrecen (y a veces cobran) las compañías de seguros incluyen: Asistencia vial, legal, gastos médicos, robo parcial, cristales, etc. En este caso, las primas tienen variaciones importantes; no sólo por el propio valor de las coberturas y deducibles, sino también por sus niveles de servicio, que pueden llegar a ser muy relevantes. Entre ellos podemos destacar la rapidez en la atención, la asesoría legal en sitio y ante autoridades, el nivel de los talleres de acuerdo al modelo del auto y la agilidad en la reparación.

Por lo anterior, es necesario evaluar con detenimiento la decisión de compra, cuidando también la elección de los "comparadores" de precios; ya que fácilmente podemos caer en un engaño publicitario.

14.2 SEGURO DE VIDA

Se trata de un Seguro Temporal en caso de fallecimiento o invalidez.

El mayor riesgo que enfrenta una familia es perder la fuente de su ingreso, es por ello que asegurar a los generadores del ingreso tiene la principal prioridad. Las características de este tipo de productos, son:

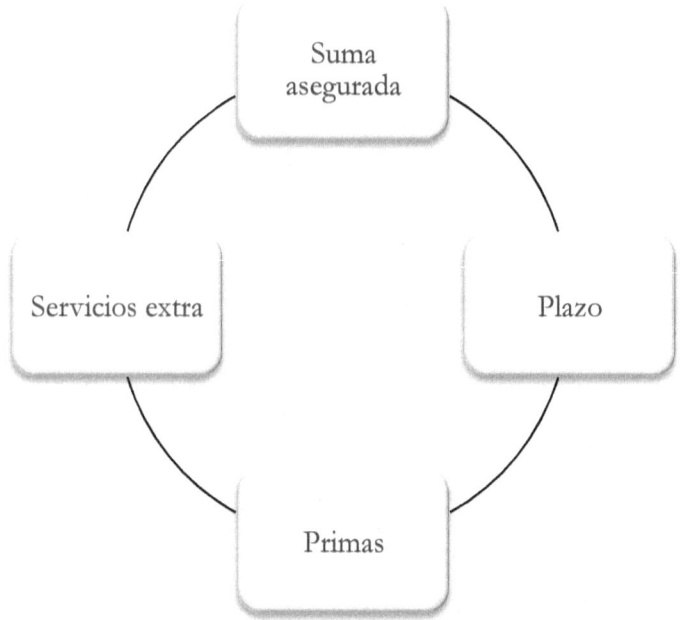

La cobertura, es decir la Suma Asegurada, se fija libremente, para ser pagada a los beneficiarios si el asegurado muere por causa natural o accidental. Al decir libremente, nos referimos a que no depende de ninguna valuación, como en el caso de los seguros de daños.

Una cobertura indispensable en este tipo de seguros, es la invalidez temporal o permanente; ya que tiene exactamente el mismo propósito de proteger la potencial pérdida del ingreso y que en ocasiones puede ser aún más grave, conllevando mayores gastos a futuro.

Un requisito importante y del cual depende en forma importante el costo del seguro, es la salud y el historial del asegurado; particularmente si es o ha sido fumador, por lo cual se realizan exámenes al respecto.

El Plazo, en los seguros temporales, busca cubrir la etapa en que se requiere proteger la potencial falta del ingreso. Lo aconsejable es elegir la suma asegurada y el plazo necesarios en cada etapa: Por ejemplo, cuando la familia es joven, cuando los hijos se independizan o cuando ya se cuenta con un sólido patrimonio. Los plazos que ofrecen las aseguradoras son normalmente de 1 a 20 años o por edad a los 60 o 65 años.

Las Primas se pagan normalmente a través de todo el plazo, pero algunas compañías ofrecen la opción de pagar en un plazo menor. Es necesario tomar en cuenta que, si el pago de la prima es muy alto, mayor será la probabilidad de no poder realizarlo, en algún momento en el futuro, perdiendo la cobertura.

Sobre este esquema básico, existe una gran cantidad de variaciones; desde los planes que incluyen programas de ahorro para el retiro, hasta planes mixtos entre seguros de muerte y de sobrevivencia. Hoy en día, la gran mayoría de instituciones financieras, cuando otorgan un crédito, exigen un seguro temporal por fallecimiento; ya sea a cargo del asegurado (hipotecas, autos...) o a cuenta de ellas mismas (tarjetas de crédito, créditos personales...).

En el caso de nuestras historias, la familia de Beatriz no consideró necesario proteger su patrimonio; el cual se perdió completamente para cubrir sus deudas. Beatriz tiene la suerte de contar con sus tíos para solventar los gastos del funeral y protegerla ante cualquier emergencia. Sin embargo, no es el caso de la gran mayoría, que con menos del 2% de su ingreso podría pagar las primas necesarias para protegerse; pero no están conscientes de ello.

14.3 SEGURO DE DAÑOS

También llamado Patrimonial, busca proteger los bienes en que hemos venido invirtiendo. Sus características son:

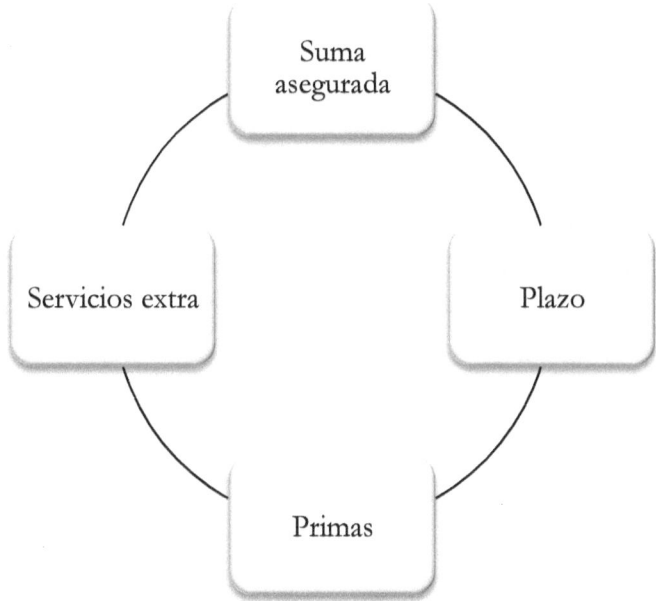

La cobertura a contratar, normalmente, se separa entre el inmueble y su contenido, para protegerlos ante incendio, terremoto e inundaciones. Una consideración relevante es que la suma asegurada no tiene que ser igual al valor del inmueble; ya que por ejemplo, el terreno no será afectado por casi ningún tipo de siniestro.

El Plazo de contratación es anual y las Primas dependerán, además de la suma asegurada, del tipo de construcción y de su localización; ya que obviamente la incidencia de algunos siniestros, como huracanes y terremotos, es mayor en algunos sitios e inexistente en otros. Al igual que en los seguros de vida, el costo de un seguro de daños puede ser bajo (menos del 1% del ingreso) si se contrata una versión básica.

Es muy común que estos planes incluyan Servicios Adicionales, como asistencia técnica, de plomeros y electricistas, así como asistencia médica y responsabilidad civil. En cualquier caso, es importante evaluar la aportación y el costo de cada uno de estos servicios y coberturas.

14.4 SEGURO DE GASTOS MÉDICOS MAYORES

Uno de los riesgos potencialmente catastróficos para nuestro patrimonio, son los accidentes y enfermedades que pueden representar enormes gastos. Aunque es cierto que, en nuestro país, contamos con servicios de salud "gratuitos" para la mayoría de la población, también sabemos que estos servicios tienen sus limitantes e inconvenientes, en cuanto a disponibilidad y atención.

Es por ello que, cada vez más, los servicios médicos privados han ido expandiéndose y, en muchos casos, con altos costos. Para acceder a ellos, especialmente cuando se trata de casos graves, es indispensable contar con un Seguro de Gastos Médicos Mayores para poder enfrentarlos. Sus características incluyen:

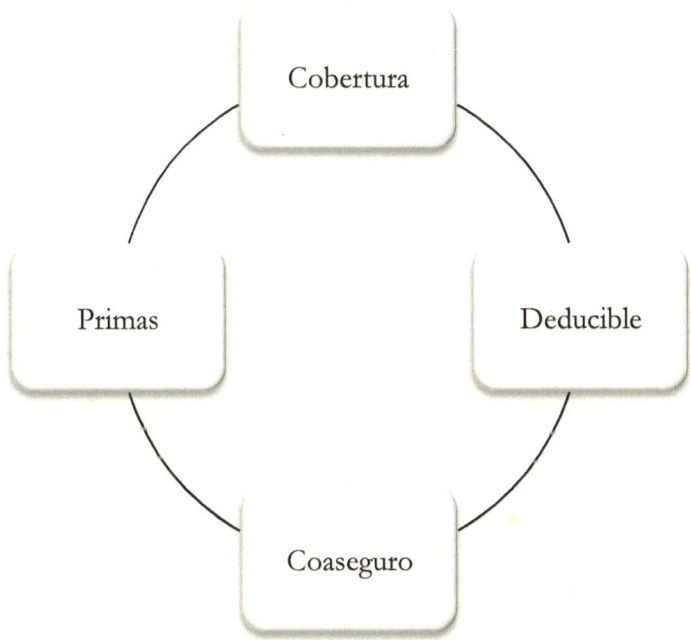

La Cobertura incluye la atención médica, hospital y medicinas hasta por una cantidad fija de gastos o en forma ilimitada; pudiendo acudir a un cierto nivel de hospitales en México y/o en el extranjero. Es necesario considerar las enfermedades preexistentes, así como las evaluaciones médicas y condiciones como ser o no fumador.

El Deducible es el monto límite que marca "los gastos mayores" y a partir del cual la aseguradora los cubrirá. En tanto que el Coaseguro es un porcentaje, sobre el gasto total del evento, que debe ser pagado por el asegurado.

Mientras mayores son el deducible y el coaseguro, menor será la Prima a pagar; la cual depende también de la suma asegurada y el nivel de los hospitales. El costo de un plan básico puede estar alrededor del 2% del ingreso.

Existen distintas variantes al seguro básico, como pueden ser coberturas por enfermedades específicas o por maternidad, que es muy importante considerar.

14.5 ¿HASTA CUÁNTO CUBRIR?

Como ejemplo, una Familia joven, con dos hijos, vivienda propia y dos automóviles, con un ingreso de 500 mil al año, para cubrir de forma básica las cuatro áreas, que hemos revisado, estaría asignando alrededor del 9% de su ingreso:

SEGURO	% DEL INGRESO	$ PRIMA
AUTOS	2%	$10 mil
VIDA	2%	$10 mil
VIVIENDA	1%	$5 mil
GASTOS MED	4%	$20 mil
TOTAL	9%	$45 mil

CAPÍTULO QUINCE

PLAN FINANCIERO

Con el propósito de implementar una estrategia, que integre todos los temas tratados hasta ahora, es indispensable contar con un Plan; que se puede construir en cuatro pasos:

Diseño	Implementación
Rebalanceo anual	Revisión trianual

15.1 PRIMER PASO: DISEÑO DEL PLAN FINANCIERO

Perfil: Cuestionario + stress test

Diagnóstico: Check-up

Necesidades: Etapa del ciclo de vida

Proyectos: Sueños

Análisis de Retiro

Estrategia de Gasto

Estrategia de Endeudamiento

Estrategia de Inversión: Diseño del portafolio

Estrategia de Protección

La mitad de un buen Plan Financiero se concentra en el "Diagnóstico" de la situación actual de la persona. Esta evaluación se realiza a través de dos herramientas: Por un lado, se responde un Cuestionario sobre el perfil de riesgo y por otra parte, se lleva a cabo un "Check-up Financiero"; donde se registran los principales datos sobre su Gasto, Deudas, Ahorro/Inversión y Protección, para identificar desviaciones relevantes respecto a comportamientos estándar.

En el diagnóstico, las desviaciones identificadas se priorizan respecto a las Metas y Necesidades de la persona, de acuerdo a la etapa del ciclo de vida en la que se encuentra, analizando los distintos temas que hemos revisado en este libro.

La problemática y las oportunidades detectadas se contrastan con sus Proyectos y Sueños, para proponer un Diseño del Plan, que consiste en cuatro Estrategias, cubriendo las áreas de Gasto, Endeudamiento, Inversión y Protección; y que incluye un capítulo especial dedicado al Retiro.

En los temas de inversión general y retiro, se proponen "portafolios de inversión" generales, que pueden ser construidos en cualquier institución financiera que ofrezca fondos de inversión de deuda y renta variable, para el tamaño de inversionista del que se trate. Esto hace que el Plan sea independiente de los proveedores de los servicios financieros; generando así un valor muy importante, al no tener incentivos para promover productos que no son del completo beneficio para el cliente.

15.2 SEGUNDO PASO: IMPLEMENTACIÓN DEL PLAN

Si es difícil que un inversionista en México cuente con un Plan Financiero, mucho más raro será que lo implemente; ya que se enfrentará tanto a su propia desidia, como a las innumerables trabas que encontrará por parte de las instituciones.

En el ámbito personal, el mayor reto será adquirir los hábitos que ya hemos tratado para establecer una disciplina de gasto, ahorro e inversión. En este caso, establecer una mecánica que nos "obligue" es indispensable y es por eso que la contratación de un Asesor Financiero y/o un método, serán claves para que la implementación sea exitosa.

En cuanto a las trabas que podemos encontrar en las instituciones, hay dos que son muy comunes: En primer lugar la dificultad de "cambiar o cancelar" un producto ya contratado (por obvias razones) y en segundo, por la natural renuencia a facilitarnos el acceso a productos con mejores condiciones.

Veamos algunos casos, sólo por ejemplificar lo que estamos comentando:

Ejemplos Estrategia de Endeudamiento

Consolidar deudas de Tarjetas en un Préstamo Personal Banco 1

Adquirir Hipoteca con Banco 2 para mejorar tasa

Ejemplos Estrategia de Inversión

Invertir 30% en Fondo indexado al IPC en Casa de Bolsa A

Invertir 30 % en Fondo de Deuda del Banco 3

Invertir 40% en Fondo de Renta Variable Internacional

El primer ejemplo trata sobre la conocida posibilidad de concentrar las deudas que tenemos en nuestras tarjetas de crédito, obteniendo una tasa "preferencial", que nos incentiva a tomar la decisión de cambiarnos de institución financiera. Sin embargo, hasta hace unos años no era fácil lograrlo, ya que teníamos que acudir al banco, donde teníamos el crédito original, para solicitar la transferencia y, naturalmente, no tenían ninguna motivación para hacerlo. Fue necesaria la intervención de las autoridades para establecer los procedimientos que permiten hacerlo directamente desde el banco que va a consolidarlas.

En cuanto a los ejemplos mostrados sobre inversiones, es muy común que la institución donde estamos ahorrando e invirtiendo no nos ofrezca abiertamente la gama de productos que tiene y que normalmente restringe a inversionistas de mayor tamaño. Esto se explica, debido a que están convencidos de que una mayor ganancia del inversionista implica una menor utilidad para su organización; lo cual no es necesariamente cierto.

Muchos estamos seguros de lo contrario; ya que tanto en las tasas de crédito, como en los rendimientos de las inversiones, los clientes que se desarrollan con tasas más competitivas generan un mayor ahorro interno para el país y son más sanos deudores; generando así mayor riqueza en lo individual y por lo tanto en lo colectivo. Claro que esto ocurre en el mediano y largo plazos, aparentemente muy lejos del corto plazo que determina el criterio de la mayoría de las instituciones financieras a nivel local y global.

Sólo una agresiva política de educación financiera y el trabajo profesional de Asesores Financieros independientes, apoyados por la explosión de las herramientas web y móviles, forzarán esta tradicional resistencia. Por lo pronto, sólo aquellos que vayan descubriendo que está en sus manos su progreso y que no es una tarea difícil, lograrán un cambio sustancial en su patrimonio.

15.3 TERCER PASO: REBALANCEO ANUAL

Como ya tratamos antes, no es necesario ser un experto ni estar atentos a los movimientos de los mercados financieros mundiales. Simplemente, una vez al año, es necesario seguir este fácil método:

Vender lo que creció más:

Para que vuelva a representar el % diseñado para cada inversión.

Comprar lo que bajó de valor:

Para que suba nuevamente al % que se diseñó originalmente.

Claro que, si se cuenta con un buen Asesor, ya sea independiente o en una institución, también es válido actuar cuando se presenta un movimiento importante; pero siempre conscientes de que, cuando nos damos cuenta de un cambio fuerte, normalmente los grandes inversionistas ya actuaron al respecto. Es por ello que nunca recomendamos a un inversionista dedicarse a aprovechar oportunidades o a "cascar", como se le conoce en el ambiente. Si uno deja "pasar" estas oportunidades no va a ocurrir mayor cosa, no hay que preocuparse.

Mucho más importante es hacer un alto en el camino, cada tres o cinco años, para revisar metas y estrategias.

15.4 CUARTO PASO: REVISIÓN TRIANUAL

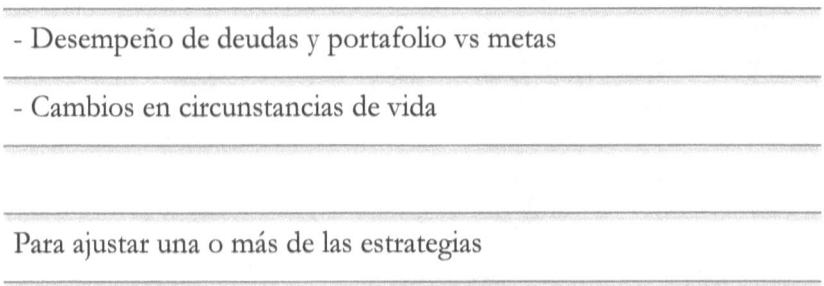

Cada 3 a 5 años revisar:

- Desempeño de deudas y portafolio vs metas

- Cambios en circunstancias de vida

Para ajustar una o más de las estrategias

Al paso del tiempo, es muy común que las cosas cambien y se requiera corregir el rumbo. Las predicciones que hicimos, sobre el desarrollo de nuestra familia o nuestras carreras profesionales, nunca son muy precisas y nos llenan de sorpresas positivas y negativas.

De pronto nos damos cuenta que las Metas están cambiando y las prioridades tienen que dar cabida a nuevos proyectos. Tenemos que ser flexibles y acomodarnos a los cambios más relevantes.

En algunos casos se trata simplemente de renovar nuestros propósitos para ser disciplinados en el gasto cotidiano, mientras que en otros, la llegada de un hijo que no estaba planeado nos exige reacomodarlo todo.

15.5 ¿CUÁNTO ME DEBE COSTAR?

En países como Estados Unidos, existen decenas de miles de Asesores Financieros independientes, que ofrecen este tipo de servicios, normalmente bajo dos modalidades. La primera es la elaboración de un Plan Financiero y la otra el servicio de Asesoría en la Gestión del Portafolio.

En el primer caso, la elaboración de un Plan Financiero, puede costar entre $300 y $1,000 dólares, dependiendo de los montos y la complejidad del mismo. Mientras que la asesoría por la Gestión de Portafolios se cobra de acuerdo al monto, en el rango de 0.25% a 1%, donde el portafolio puede ser sólo de inversiones.

Esto significa que puede costarle a un cliente de clase media (con inversiones/deudas de $2 millones de pesos) sobre $5 mil pesos por su Plan Financiero y $20 mil pesos anuales por la Gestión de su Portafolio.

En contraste, el Beneficio que obtendrá puede estar en un rango del 4% al 6%. Es decir, alrededor de $100 mil pesos anuales de mejora, con los cuales se cubren sobradamente los costos de asesoría.

15.6 NUESTROS CASOS ENTRELAZADOS

Empezando por el caso más básico, Andrea, podemos sintetizarlo en:

ANDREA:

Perfil: Conservador

Diagnóstico: Sobreendeudamiento causado por una enfermedad imprevista; consume el 60% del ingreso.

Causas: La falta de un ahorro previo para emergencias y falta de cultura financiera.

Necesidades: Resolver la crisis financiera.

Proyectos y Metas: Quedar libre de deudas en un año.

Estrategia de deudas:
- Priorizar deudas de mayor a menor tasa y monto.
- Conseguir mejores condiciones de tasa.
- Prepagar crédito de Tienda/Banco con un nuevo crédito a 6 meses al 8% anual.
- En 6 meses, al liberarse de la deuda de reemplazo, concentrar los $3,500 pesos para liquidar el resto de deudas en 6 meses más.

Seguimiento:
Cada 6 meses revisar avance.
En 12 meses rediseñar Plan para considerar nuevas metas: Fondo de emergencia, estudios de hija y retiro.

BEATRIZ: a los 30 años

Perfil: Moderado-Agresivo

Diagnóstico: Insatisfacción al vivir y trabajar en lugares que no corresponden a sus sueños.

Causas: La dependencia y el conformismo.

Necesidades: Encargarse de su futuro.

Proyectos y Metas: Vivir en un destino de playa y trabajar en turismo, en un negocio propio.

Estrategia de Gasto y Deudas:
- Ajustarse al nuevo ingreso: $25 mil en vez de $30 mil.
- Sustituir la renta de $8 mil por pago de hipoteca.
- Vender auto de lujo y comprar usado para usar la diferencia como enganche: $300 mil.

Estrategia de Ahorro e Inversión:
- Mantener $100 mil de los $200 mil ahorrados como Fondo de Emergencias.
- Crear Fondo de Retiro con los $100 mil restantes del ahorro y aportar $3 mil cada mes.

Estrategia de Protección:
- Adquirir el complemento de contenidos en el seguro que exige la hipoteca.
- Cubrir el auto con el esquema limitado.
- Adquirir también una póliza de Gastos Médicos Mayores con deducible alto.

Seguimiento:
Cada 6 meses revisar avance.

FAMILIA HERNÁNDEZ: 20 años antes

Perfil: Agresivo

Diagnóstico: Inconsciencia al vivir al límite un nivel de clase media alta, que no podrán sostener en el retiro.

Causas: La presión social y el propio "éxito" los ciegan para reconocer el futuro que enfrentarán.

Necesidades: Generar un patrimonio suficiente.

Proyectos y Metas: Crear un Fondo de Retiro.

Estrategia de Gasto y Ahorro:
- Ahorrar 25% en vez de 10%.
- Ajustar su gasto para vivir con austeridad.
- Evitar, por ejemplo, comprar autos importados del año.

Estrategia de Inversión:
- Crear un Fondo de Retiro con perfil agresivo, invirtiendo 15% del ingreso adicional a su Afore.
- Crear un segundo portafolio moderado para proyectos como los estudios de los hijos y la casa de campo.

Estrategia de Protección:
- Ampliar seguro de vida a 3 años de ingresos.
- Cubrir, además de autos, los contenidos de casa.
- Adquirir también una póliza de Gastos Médicos Mayores, con deducible alto.

Seguimiento:
Cada 6 meses revisar avance.

CONCLUSIONES FINALES

Los últimos tres casos, que hemos revisado, reflejan cómo, la sencillez de los conceptos de Salud Financiera, pueden transformar las vidas en cualquier segmento de nuestra sociedad. No se requieren conocimientos avanzados de finanzas, sino que demandan, particularmente, la voluntad de tomar las riendas de nuestro progreso personal; en vez de seguir esperando que el destino nos sonría o el gobierno nos rescate.

No podemos simplemente culpar a los "Ricos" del gravísimo problema de desigualdad, que día con día se va ampliando en nuestra sociedad. Como hemos visto en este libro, una de las causas más relevantes, que hace crecer la riqueza de los millonarios más rápido que la del decil más pobre, es que los primeros tienen un doble Ingreso. Por un lado tienen el ingreso de su trabajo y por otro el ingreso que generan sus propiedades y sus inversiones (en negocios y en productos financieros). Mientras tanto, el decil más pobre sólo cuenta con el ingreso de su trabajo y ni siquiera cuenta con la educación para gastarlo apropiadamente.

Es por eso que es urgente desarrollar "capacidades financieras" en las clases media y baja, para que construyan Patrimonios que trabajen para ellos y sus familias. Como aquí se demuestra, estas Capacidades son mucho más sencillas de lo que la mayoría piensa. Sólo se requiere Vivir con austeridad, Ahorrar más del 25% del Ingreso, Invertir a Largo Plazo al 6% real y Proteger la Fuente de Ingreso y el Patrimonio que se va construyendo.

Si nuestro país se concentra en educar financieramente a todos los adolescentes, estaremos en el camino correcto para cumplir los Objetivos del Milenio, erradicando la Pobreza para el 2050.